Busse von Colbe / Becker / Berndt / Geiger / Haase / Schmitt / Seeberg / (Hrsg.)
Ergebnis nach DVFA / SG
DVFA / SG Earnings

Ergebnis nach DVFA/SG

Gemeinsame Empfehlung · 2. erweiterte Auflage

DVFA/SG Earnings

Joint recommendation · 2nd expanded edition

Kommission für Methodik der Finanzanalyse
der Deutschen Vereinigung für Finanzanalyse und Anlageberatung e.V. (DVFA)
(DVFA Commission for methodology of financial analysis)

Arbeitskreis „Externe Unternehmensrechnung" der Schmalenbach-Gesellschaft –
Deutsche Gesellschaft für Betriebswirtschaft (SG)
(Working group "External company accounting" of the Schmalenbach-Gesellschaft)

herausgegeben von

Prof. Dr. Dr. h.c. mult. Walther Busse von Colbe
Winfried Becker
Helmut Berndt
Klaus M. Geiger
Dr. Heidrun Haase
Günter Schmitt
Dr. Thomas Seeberg

1996
Schäffer-Poeschel Verlag Stuttgart

Aus dem Deutschen übersetzt von Christopher Percival of Flambard (European) Limited, Durham, England.

Die Deutsche Bibliothek – CIP-Einheitsaufnahme

Ergebnis nach DVFA, SG : gemeinsame Empfehlung = DFVA, SG earnings /
Kommission für Methodik der Finanzanalyse der Deutschen Vereinigung für
Finanzanalyse und Anlageberatung e. V. (DVFA);
Arbeitskreis „Externe Unternehmensrechnung" der Schmalenbach-Gesellschaft –
Deutsche Gesellschaft für Betriebswirtschaft (SG).
Hrsg. von Walter Busse von Colbe ...–
2., erw. Aufl. – Stuttgart : Schäffer-Poeschel, Verl. für Wirtschaft, Steuern, Recht, 1996
   1. Aufl. u.d.T.: Ergebnis nach DVFA, SG
   ISBN 3-8202-0981-6
NE: Busse von Colbe, Walter [Hrsg.];
Deutsche Vereinigung für Finanzanalyse und Anlageberatung /
Kommission für Methodik der Finanzanalyse; DVFA, SG earnings

Gedruckt auf chlorfrei gebleichtem, säurefreiem und alterungsbeständigem Papier

© 1996 Schäffer-Poeschel Verlag für Wirtschaft · Steuern · Recht GmbH
Einbandgestaltung: Willy Löffelhardt
Satz: A & M dtp, Stuttgart
Druck und Bindung: Franz Spiegel Buch GmbH, Ulm
Printed in Germany

Schäffer-Poeschel Verlag Stuttgart

Ein Tochterunternehmen der Verlagsgruppe Handelsblatt

Mitglieder der DVFA-Kommission für Methodik der Finanzanalyse
(Stand Dezember 1995)
Members of the DVFA Commission for methodology of financial analysis
(as at December 1995)
Winfried Becker, Société Générale
Klaus M. Geiger, Dresdner International Research Institute GmbH
Dr. Heidrun Haase, DB Research GmbH
Adrian Hopkinson, WestLB Capital Management GmbH
Werner Jochmaring, Verlag Hoppenstedt GmbH
Hans-Joachim König, BHF-Bank
Eggert Kuls, M.M.Warburg & Co. KGaA
Britta Lindhorst, Oppenheim Finanzanalyse GmbH
Peter Rothenaicher, Bayerische Vereinsbank AG
Friedrich Schellmoser, Bayerische Hypotheken- und Wechsel-Bank AG
Michael Schickling, Schröder Münchmeyer Hengst Research GmbH
Dr. Rudolf Schinnerl, WGZ-Bank eG
Günter Schmitt, Commerzbank AG
Thomas Teetz, Bankgesellschaft Berlin AG
Bernhard Thees, Bethmann Bank
Heinz Weyershäuser, DG Bank

Mitglieder des Arbeitskreises
„Externe Unternehmensrechnung" der Schmalenbach-Gesellschaft
(Stand Dezember 1995)
Members of the working group "External company accounting"
of the Schmalenbach-Gesellschaft
(as at December 1995)
Prof. Dr. Jörg Baetge, Westfälische Wilhelms-Universität Münster
Helmut Berndt, Henkel KGaA
Dr. Hans-Georg Bruns, Daimler-Benz AG
Prof. Dr. Dr. h.c. mult. Walther Busse von Colbe, Ruhr-Universität Bochum
Prof. Dr. Adolf Gerhard Coenenberg, Universität Augsburg
Helmut Korst, VEBA AG
Hans-Georg Melching, Volkswagen AG
Bernd-Joachim Menn, Bayer AG
Albrecht Metze, Hapag Lloyd AG
Prof. Dr. Dieter Ordelheide, Joh.Wolfg. Goethe-Universität Frankfurt
Hans-Dieter Pfingsten, AEG AG
Jürgen Schwitters, Schering AG
Dr. Thomas Seeberg, Siemens AG
Günter Siepe, C & L Deutsche Revision AG
Prof. Dr. Klaus Stolberg, KPMG Deutsche Treuhand-Gesellschaft AG
Heinz-Werner Ufer, RWE AG
Peter Urban, Thyssen AG
Dr. Hans Weber, Quelle Schickedanz AG & Co.
Albert Weismüller, Mannesmann AG
Prof. Dr. Klaus v. Wysocki, Berlin
Dr. Klaus Patzak (Protokoll), Siemens AG

Preface to the First Edition

Following the enactment of the Companies Act of 1965, the Commission for Methodology of the German Society of Investment Analysts started developing principles for the adjustment of the disclosed net profit in order to achieve comparable results. Further editions of updated proforma computations for the determination of earnings according to the DVFA method followed in later years (the fifth edition was published in 1988). The calculation of earnings according to the DVFA method has been extensively applied by German companies and financial analysts as a basis for comparing earnings and has become part of their information policy. The External Company Accounting working group of the Schmalenbach-Gesellschaft – Deutsche Gesellschaft für Betriebswirtschaft took up this subject after the Accounting Directives Law was passed in December 1985. One reason for this was that, in the opinion of many companies, the DVFA proforma computation did not sufficiently take into account the companies' specific conditions and situations required under the new accounting regulations. The working group published a recommendation for the calculation of earnings per share in Zeitschrift für betriebswirtschaftliche Forschung (no. 2).

The coexistence of two different recommendations did not particularly contribute to the aim of achieving comparable results for investment purposes. Thus both commissions soon agreed upon cooperative effort. In plenary sessions and committee meetings they worked out a joint recommendation entitled "Earnings according to the DVFA/SG method". This recommendation is the result of a productive exchange of views between the DVFA Commission for Methodology and the External Company Accounting working group of the Schmalenbach-Gesellschaft. A manuscript of the joint recommendation was first printed by Hoppenstedt, a German firm of publishers, in September 1990 and then presented to the public at the meeting of German business economists in Berlin. It was, however, not available to the general public. Thus the DVFA Commission for Methodology and the working group of the Schmalenbach-Gesellschaft decided to have the recommendation edited by the Schäffer-Verlag together with an English translation for international use. The paper was supplemented by "General remarks" of Dr. Heidrun Haase of the DVFA Commission and a contribution of Professor Dr. Dieter Ordelheide of the Schmalenbach working group covering "Comparability and company specific conditions". Both contributions, which underline the focus of the recommendation, had been presented as seminar papers at the meeting of the business economists. Finally, some explanatory details were added to the first edition (e.g. under 7.6*).

The publishers acting on behalf of the Commission for Methodology and the working group express their thanks to all those members who were particularly engaged in the preparation of the recommendation.

April 1991
Prof. Dr. Dr. h.c. Walther Busse von Colbe, Klaus Geiger, Dr. Heidrun Haase, Herbert Reinhard, Günter Schmitt

*) Section A.I.6.6 in the second edition.

Vorwort zur ersten Auflage

Die Methodenkommission der Deutschen Vereinigung für Finanzanalyse und Anlagebe-
ratung hatte bereits kurz nach Verabschiedung des Aktiengesetzes 1965 damit begonnen,
Grundsätze für die Ableitung eines vergleichbaren Ergebnisses aus dem veröffentlichten
Jahresüberschuß zu entwickeln. Bis 1988 hat sie fünf aktualisierte Fassungen eines
Arbeitsschemas zur Ermittlung des Ergebnisses nach DVFA in den Beiträgen zur Wert-
papieranalyse veröffentlicht. Das Ergebnis nach DVFA wurde weitgehend von deutschen
Unternehmen und Finanzanalysten als Vergleichsmaßstab für die Ertragslage angewandt
und ist vielfach Bestandteil ihrer Informationspolitik geworden. Der Arbeitskreis „Externe Unternehmensrechnung" der Schmalenbach-Gesellschaft – Deutsche Gesellschaft für
Betriebswirtschaft e.V. griff nach Verabschiedung des Bilanzrichtlinien-Gesetzes vom
Dezember 1985 das Thema auch auf, u. a. deshalb, weil vielen Unternehmen die Unternehmensindividualität unter den neuen Rechnungslegungsvorschriften mit dem Arbeitsschema der DVFA nicht hinreichend berücksichtigt schien. Der Arbeitskreis veröffent-
lichte 1988 seine Empfehlungen zur Ermittlung des Ergebnisses je Aktie in Heft 2 der
Zeitschrift für betriebswirtschaftliche Forschung.
Das Nebeneinander von zwei Empfehlungen war der Entwicklung vergleichbarer Ergebnisse für die Anlageberatung eher abträglich. Daher verständigten sich beide Gremien
sehr bald auf eine Zusammenarbeit. In gemeinsamen Plenar- und Ausschußsitzungen
wurde nach gründlichen Diskussionen eine gemeinsame Empfehlung „Ergebnis nach
DVFA/SG" erarbeitet. Diese Empfehlung ist das Resultat eines fruchtbaren Meinungs-
austauschs zwischen der DVFA-Methodenkommission und dem Arbeitskreis „Externe
Unternehmensrechnung" der Schmalenbach-Gesellschaft – Deutsche Gesellschaft für
Betriebswirtschaft e.V. Die gemeinsame Empfehlung wurde zuerst im September 1990
als Manuskript im Hause Hoppenstedt gedruckt und auf dem Deutschen Betriebswirtschaftertag 1990 in Berlin der Öffentlichkeit in einer viel beachteten Diskussionsveran-
staltung vorgestellt, war aber in dieser Form nicht allgemein zugänglich. Daher haben
sich die Methodenkommission der DVFA und der Arbeitskreis der Schmalenbach-
Gesellschaft entschlossen, die Empfehlung im Schäffer-Verlag als Buch herauszubrin-
gen und mit einer englischen Übersetzung für den internationalen Gebrauch zu versehen.
Die Schrift wurde zudem durch „Grundsätzliche Anmerkungen" von Dr. Heidrun Haase, DVFA, und einen Beitrag von Professor Dr. Dieter Ordelheide, Arbeitskreis der
Schmalenbach-Gesellschaft, über „Vergleichbarkeit und Unternehmensindividualität"
ergänzt. Die Beiträge waren als Referate auf dem Betriebswirtschaftertag gehalten worden. Sie betonen die Kernpunkte der Empfehlungen. Schließlich wurden einige Einzel-
heiten gegenüber der Erstveröffentlichung ergänzt (z. B. im Abschnitt 7.6*).
Die Herausgeber als Vertreter der Methodenkommission und des Arbeitskreises danken
ihren Mitgliedern, die sich für die gemeinsame Empfehlung besonders engagiert haben.
Im April 1991
Prof. Dr. Dr. h.c. Walther Busse von Colbe, Klaus Geiger, Dr. Heidrun Haase, Herbert
Reinhard, Günter Schmitt

*) In der 2. Auflage Abschnitt A.I. 6.6.

Preface to the Second Edition

Since the first edition was published in 1991, companies and analysts alike have reacted positively to the formula for DVFA/SG earnings. It soon became clear, however, that there was still room for improvement to the proforma computation of earnings per share and to the explanations of individual items. The DVFA Commission for Methodology and the External Company Accounting working group of the Schmalenbach-Gesellschaft – Deutsche Gesellschaft für Betriebswirtschaft e.V. have therefore completely revised the first edition. The revision has been carried out not just in order to incorporate the more recent developments in accounting practice but also to make the document easier to understand and reduce the scope for discretionary interpretation.

Proforma computations designed specifically for banks and insurance companies to reflect the peculiarities of their businesses and their special accounting regulations have also been included. The German Insurance Association (GDV) had already drawn up a recommendation for the computation of earnings per share in 1975, which had been revised several times since. In 1993 a working group of the DVFA, in collaboration with insurance companies and the GDV, formulated a joint recommendation for the computation of earnings based as closely as possible on the principles of the DVFA/SG formula then in force. That recommendation is currently being revised and brought up-to-date as a result of the changes in accounting regulations for insurance companies which came into effect after December 31, 1994.

Since the beginning of the nineties a DVFA working group has also been working on a related earnings formula for banks. The decisive breakthrough came when the European Community's Bank Accounts Directive was implemented in German legislation. On the basis of the new, more informative accounting requirements the working group has drawn up a joint recommendation together with the Financial Accounts Committee of the Association of German Banks. This means that for the first time banks will now include DVFA earnings figures as part of the information published in their financial reports.

The new edition also includes computations of earnings for "Kommanditgesellschaften auf Aktien" (KGaA – limited partnerships with a share capital) and for development capital companies, as well as a section on the features peculiar to new issues.

This edition also contains a section on "Cash flow according to the DVFA/SG method", which is extremely important for assessing the financial viability of a company.

The publishers would like to thank the members of the Commission for Methodology and the working group who were particularly engaged in the preparation of the recommendation.

December 1995
Prof. Dr. Dr. h.c. mult. Walther Busse von Colbe, Winfried Becker, Helmut Berndt, Klaus M. Geiger, Dr. Heidrun Haase, Günter Schmitt, Dr. Thomas Seeberg

Vorwort zur zweiten Auflage

Seit der ersten Auflage im Jahre 1991 haben die Unternehmen und die Analysten mit dem „Ergebnis nach DVFA/SG" positive Erfahrungen gemacht. Es wurde aber auch deutlich, daß das Arbeitsschema zur Ermittlung des Ergebnisses je Aktie und die Erläuterung der einzelnen Positionen noch verbesserungsfähig waren. Die Methodenkommission der DVFA und der Arbeitskreis „Externe Unternehmensrechnung" der Schmalenbach-Gesellschaft – Deutsche Gesellschaft für Betriebswirtschaft e.V. haben daher die Darstellung der ersten Auflage völlig überarbeitet. Die Überarbeitung zielt nicht nur darauf, neuere Entwicklungen in der Rechnungslegung zu integrieren, sondern auch die Darstellung transparenter zu machen und die Auslegungsspielräume zu reduzieren.

Ergänzend wurden die für Banken und Versicherungen aufgrund der geschäftsbedingten Eigenheiten und besonderen Rechnungslegungsvorschriften entwickelten Arbeitsschemata in die Darstellung aufgenommen. Der Gesamtverband der Versicherungswirtschaft (GDV) hatte bereits 1975 eine Empfehlung zur Ermittlung eines Ergebnisses je Aktie entwickelt, die seitdem mehrmals überarbeitet wurde. Ein Arbeitskreis der DVFA hat in Zusammenarbeit mit Versicherungsunternehmen und dem GDV 1993 eine gemeinsame Empfehlung zur Gewinnermittlung formuliert, die sich möglichst eng an den Leitgedanken des seinerzeitigen DVFA/SG-Schemas anlehnte. Bedingt durch die Änderungen der Rechnungslegung für Versicherungsunternehmen, die nach dem 31. Dezember 1994 wirksam wurden, wird dieses Schema derzeit überarbeitet und aktualisiert.

Seit Anfang der 90er Jahre arbeitete ein Arbeitskreis der DVFA auch an der Ableitung eines Ergebnisschemas für Banken. Den entscheidenden Durchbruch brachte die Umsetzung der EG-Bankbilanzrichtlinie in deutsches Recht. Auf Basis der veränderten, informativeren Rechnungslegung entwickelte der Arbeitskreis zusammen mit dem Bilanzierungsausschuß des Bundesverbandes deutscher Banken eine gemeinsame Empfehlung. Damit wird das DFVA-Ergebnis erstmals in die Berichterstattung der Kreditinstitute Eingang finden.

Darüber hinaus wurden in die Neuauflage die Ergebnisermittlung bei Kommanditgesellschaften auf Aktien und bei Unternehmensbeteiligungsgesellschaften sowie Ausführungen über die Besonderheiten bei Neuemissionen aufgenommen.

Außerdem wurde in der vorliegenden Ausarbeitung der „Cash Flow nach DVFA/SG" dargestellt, der für die finanzwirtschaftliche Beurteilung eines Unternehmens von erheblicher Bedeutung ist.

Die Herausgeber danken den Mitgliedern der Methodenkommission und des Arbeitskreises, die sich für die gemeinsame Empfehlung besonders engagiert haben.

Im Dezember 1995

Prof. Dr. Dr. h.c. mult. Walther Busse von Colbe, Winfried Becker, Helmut Berndt, Klaus M. Geiger, Dr. Heidrun Haase, Günter Schmitt, Dr. Thomas Seeberg

Contents

Inhaltsverzeichnis

* see separate publication in the pocket on the inside back flap of this volume

*) Siehe separate Veröffentlichung in der Lasche auf der rückwärtigen Innenseite dieses Buches.

A.

Ergebnis-Definitionen
Definitions of earnings

I.

Ergebnis nach DVFA/SG
DVFA/SG earnings

1. Objectives

The published net profit or loss of a company for an accounting period (referred to below as the net result for the year) represents the result for a financial year determined in accordance with legal regulations. It provides information regarding the surplus available under company law for distribution to shareholders and/or allocation to reserves. It therefore provides the basis for evaluating the profitability of the company.

The net result for the year can, however, be influenced by special factors such as exceptional items or items resulting from the exercise of accounting options. These factors make inter-company and inter-year comparisons of earnings more difficult. The bare net profit, therefore, does not meet requirements, particularly those for the information of domestic and foreign investors and other participants in capital markets. The same applies to the 'result from ordinary activities' which has to be shown as a subtotal in the profit and loss account, because this figure may also include factors which are exceptional or result from accounting options.

If the net result for the year is materially influenced by earnings factors which impair comparison between companies or periods such factors have to be eliminated, together with their effects on taxation of the company, in order to achieve a comparable earnings result. Eliminating abnormalities for the period under review takes priority over considerations affecting the whole period. Even after these adjustments have been made, however, international comparability is still impaired by different national accounting practices and regulations. Not least for this reason, therefore, a cash flow figure also needs to be included in the comparative analysis because a substantial proportion of the remaining differences is neutralized in that figure.

The adjusted earnings figure can differ to a greater or lesser extent from the published figure. In order to avoid any misunderstanding the adjusted figure is referred to as 'DVFA/SG earnings'. Its purpose is to arrive at a net result for the year from which abnormal items have been excluded and which, compared to the published profit figure, is better suited to provide a comparable basis for:

- indicating the trend in a company's earnings from year to year;
- estimating future earnings performance;
- comparing the financial performance of different companies.

The main difficulty in adjusting for abnormal items is in defining exactly what is meant by abnormal items in this context. Also, due to the nature of the items involved, it is very difficult and sometimes impossible to quantify on a uniform basis the particular situations which need to be adjusted (e.g. certain accruals, valuation reserves). Conditions peculiar to particular industries or companies or relating to taxation, as well as the sheer variety of microeconomic factors, can militate against comparability. Nevertheless it

1. Zielsetzung

Der ausgewiesene Jahresüberschuß bzw. -fehlbetrag (im folgenden als Jahresergebnis bezeichnet) eines Unternehmens ist das in Übereinstimmung mit den gesetzlichen Vorschriften ermittelte und rechtsverbindlich festgestellte Ergebnis eines Geschäftsjahres. Er gibt Auskunft über den handelsrechtlich verfügbaren Gewinn, der an die Anteilseigner ausgeschüttet und/oder den Rücklagen zugeführt werden kann. Er ist damit Ausgangspunkt für die Beurteilung der Ertragskraft des Unternehmens.

Auf das Jahresergebnis können jedoch Sondereinflüsse wie ungewöhnliche oder dispositionsbedingte Komponenten einwirken. Sie erschweren einen Ertragsvergleich für ein Unternehmen im Zeitablauf und den Vergleich der Unternehmen miteinander. Der Jahresüberschuß allein erfüllt damit nicht die Anforderungen, die vor allem zur Information der in- und ausländischen Anleger und sonstigen Teilnehmer an den Kapitalmärkten gestellt werden. Gleiches gilt für das innerhalb der Gewinn- und Verlustrechnung auszuweisende „Ergebnis der gewöhnlichen Geschäftstätigkeit", da auch hier ungewöhnliche oder dispositionsbedingte Einflüsse enthalten sein können.

Soweit das Jahresergebnis in erheblichem Umfang von Ergebniskomponenten beeinflußt ist, die einen Zeit- bzw. Unternehmensvergleich beeinträchtigen, sind diese unter Berücksichtigung ihrer steuerlichen Auswirkungen auf das Unternehmen auszuschalten, um ein vergleichbares Ergebnis zu erhalten. Dabei hat die Normalisierung der Berichtsperiode Vorrang vor der Betrachtung der Totalperiode. Die internationale Vergleichbarkeit bleibt aber auch trotz Berücksichtigung dieser Bereinigungen aufgrund der unterschiedlichen nationalen Rechnungslegungsvorschriften beeinträchtigt. Nicht zuletzt deshalb besteht das Bedürfnis, zusätzlich einen Cash Flow in die Vergleichsbetrachtungen mit einzubeziehen, weil bei dieser Größe ein wesentlicher Teil der verbliebenen Unterschiede neutralisiert wird.

Das bereinigte Ergebnis kann mehr oder weniger vom ausgewiesenen abweichen. Um Mißverständnisse zu vermeiden, wird das bereinigte Ergebnis als „Ergebnis nach DVFA/SG" bezeichnet. Es verfolgt die Zielsetzung, ein von Sondereinflüssen bereinigtes Jahresergebnis darzustellen, das besser als das ausgewiesene geeignet ist, auf möglichst vergleichbarer Basis

— den Ergebnistrend eines Unternehmens im Zeitablauf aufzuzeigen,
— als Ausgangsposition für die Abschätzung der zukünftigen Ergebnisentwicklung zu dienen,
— Vergleiche des wirtschaftlichen Erfolges zwischen verschiedenen Unternehmen zu ermöglichen.

Die besondere Schwierigkeit der Bereinigung um Sondereinflüsse liegt zum einen darin, zu einer sachgerechten und allgemeingültigen Definition zu kommen, was Sondereinflüsse in diesem Zusammenhang sind; sie besteht zum anderen aber auch darin, daß

remains in the interests of all parties to establish as uniform a system as possible for adjusting the published net profit figure for the year. This is the main aim of these joint recommendations.

It is absolutely imperative that external financial analysts should also take information provided by companies into account – especially with regard to exceptional items included in the 'result from ordinary activities' – when calculating DVFA/SG earnings.

The recommendations contained in this volume are not claimed to represent a completely satisfactory solution for all cases where adjustments have to be made. The DVFA and SG organizations will therefore welcome further debate on the part of companies, financial analysts and other interested parties about individual matters arising out of the application of current accounting legislation and the progressive standardization of accounting practices worldwide.

The computation of earnings by the DVFA/SG method and of earnings per share on the same basis is also fundamental for a comparative evaluation of share prices. Such an evaluation is based in the first place on the relationship between the stock market price and earnings per share, known as the price/earnings ratio (PER). More detailed company research then has to be aimed at evaluating as realistically as possible the risks and opportunities facing a company and the underlying strength and staying power of its profitability.

The recommendations contained in this volume are aimed primarily at computing the earnings of industrial and trading companies on a comparable basis. Owing to the special nature of the businesses of banks and insurance companies and the fact that such companies have their own accounting regulations, special proforma computations have been devised specifically for them (cf. chapters A.II and A.III).

sich dem Grundsatz nach zu bereinigende Tatbestände nur schwer oder gar nicht nach einheitlichen Grundsätzen beziffern lassen (z. B. gewisse Rückstellungen, Bewertungsreserven). Branchen- oder unternehmensindividuelle Besonderheiten sowie steuerliche Sachverhalte, aber auch die Vielschichtigkeit betriebswirtschaftlicher Zusammenhänge können dem Ziel des Vergleichbarmachens entgegenstehen. Dennoch liegt es im Interesse aller Beteiligten, zu einer möglichst einheitlichen Bereinigung des ausgewiesenen Jahresergebnisses zu kommen. Die gemeinsam erarbeiteten Empfehlungen sollen hierzu beitragen.

Für den externen Finanzanalysten ist es unerläßlich, bei der Ermittlung des Ergebnisses nach DVFA/SG Angaben der Unternehmen – insbesondere über ungewöhnliche Vorgänge im „Ergebnis der gewöhnlichen Geschäftstätigkeit" – ergänzend zu berücksichtigen.

Die vorgelegten Empfehlungen erheben nicht den Anspruch, für alle Bereinigungsfälle eine voll befriedigende Regelung gefunden zu haben. DVFA und SG begrüßen es daher, wenn die Diskussion über Einzelfragen, die durch die Anwendung des geltenden Bilanzrechts und die fortschreitende Internationalisierung in der Bilanzierungspraxis entstehen, seitens der Unternehmen, der Finanzanalysten und der interessierten Öffentlichkeit fortgeführt wird.

Die Ermittlung eines Ergebnisses nach DVFA/SG und des daraus abgeleiteten Ergebnisses je Aktie dient vor allem auch dem Ziel einer vergleichenden Beurteilung des Börsenkurses. Sie stützt sich zunächst auf das Verhältnis Börsenkurs zu Ergebnis je Aktie, das als Kurs/Gewinn-Verhältnis (KGV) bzw. Price Earnings Ratio (PER) bezeichnet wird. Eine weitergehende Unternehmensanalyse muß sich mit dem Ziel anschließen, Chancen und Risiken eines Unternehmens sowie die Stärke und Nachhaltigkeit seiner Ertragskraft möglichst realistisch einzuschätzen.

Die hier vorgelegten Empfehlungen dienen primär der Ermittlung eines vergleichbaren Ergebnisses von Industrie- und Handelsunternehmen. Aufgrund der geschäftsbedingten Eigenarten und der besonderen Rechnungslegungsvorschriften wurden für Banken und Versicherungen spezielle Arbeitsschemata entwickelt (vgl. Kapitel A.II und A.III).

2. Materiality

The question of materiality has to be taken into account when calculating the individual components of earnings. As a general guide, 5% of the average earnings adjusted according to the DVFA/SG method or, alternatively, of the average published net results of the preceding three financial years should be regarded as material. This criterion should not be applied to individual items but to a group of items in the proforma computation (cf. chapter A.I.7, group subtotals 2, 3.4, 4.3, 5.4 and 6.3). Where profits or losses are low the threshold should be increased accordingly so as to avoid having to take extremely small amounts into account.

Consideration of the materiality criterion requires a two-stage process. First of all, individual abnormal items have to be recorded, regardless of the percentage threshold, in order to provide the figures for the group subtotals mentioned above. In the second stage the criterion of materiality is then applied to the various subtotals. If the total of the abnormal items to be adjusted in a particular group exceeds the materiality threshold, the amounts involved have to be eliminated in full.

The materiality thresholds suggested are recommendations only. Companies can decide to make detailed adjustments to earnings without reference to the criterion of materiality. Even in this case, however, individual items adjusted should still be significant in amount. Whatever procedure is adopted must be applied consistently.

2. Wesentlichkeit

Bei der Ermittlung der einzelnen Ergebniskomponenten sollte dem Gesichtspunkt der Wesentlichkeit Rechnung getragen werden. Als Leitlinie gilt, daß 5% des durchschnittlichen bereinigten Ergebnisses nach DVFA/SG oder hilfsweise des durchschnittlichen ausgewiesenen Jahresergebnisses der vorangegangenen drei Geschäftsjahre als wesentlich anzusehen sind. Diese Maßgröße soll nicht auf einzelne Vorgänge, sondern auf eine Gruppe von Positionen des Arbeitsschemas (vgl. Kapitel A.I.7, Positionen 2, 3.4, 4.3, 5.4 und 6.3) bezogen werden. Bei niedrigen Ergebnissen sollte – um nicht extrem geringe Einflüsse berücksichtigen zu müssen – die Wertgrenze angemessen erhöht werden.

Die Überprüfung des Wesentlichkeitskriteriums macht ein zweistufiges Vorgehen notwendig. Zunächst müssen einzelne Sondereinflüsse unabhängig von der Wertgrenze erfaßt werden, um eine Datenbasis für eine Gruppenbildung zu gewinnen. In der zweiten Stufe ist dann das Wesentlichkeitskriterium auf die einzelnen Gruppenwerte anzuwenden. Liegt die Summe der zu korrigierenden Sondereinflüsse für eine Positionsgruppe über der Wesentlichkeitsgrenze, so sind die Beträge in vollem Umfang zu bereinigen.

Die vorgeschlagenen Wesentlichkeitsgrenzen haben Empfehlungscharakter. Unternehmen können sich auch für eine detaillierte Ergebnisbereinigung ohne Beachtung des Wesentlichkeitskriteriums entscheiden. Allerdings sollten auch in diesem Fall die einzelnen Bereinigungsposten eine hinreichende Größe aufweisen. Generell ist das einmal gewählte Verfahren beizubehalten, d.h. auf Stetigkeit ist zu achten.

3. Consolidated financial statements as basis for the computation of earnings

DVFA/SG earnings have to be determined for the group as a whole. The starting point for the computation is therefore the consolidated financial statements, which normally include the effects on earnings of all material subsidiary companies, joint ventures and associated companies, following their acquisition and adaptation of their accounts to comply with the standard accounting principles applied throughout the group. If this is not the case, appropriate proportions of adjusted earnings have to be included.

If the group's net result for the year includes minority interests in profits, these have to be deducted before computing earnings per share; minority interests in losses have to be added back. The share of minority interests in adjusting items has to be deducted or added back either in the adjusting items themselves or in the figure for the minority interests in profits or losses shown in the P&L account.

Where quoted parent companies of a subgroup have invoked the exemption provisions contained in § 291 and § 292 of the German Commercial Code (no subgroup accounts), DVFA/SG earnings have to be determined for the subgroup.

For accounting periods of less than 12 months DVFA/SG earnings have to be determined – estimated if necessary – for the 12 months prior to the end of the period. In special cases it may be appropriate to extrapolate the earnings for the period of less than a year into a 12-month period.

3. Konzernabschluß als Basis für die Ergebnisermittlung

Das Ergebnis nach DVFA/SG ist für das Gesamtunternehmen zu ermitteln. Demzufolge ist vom Konzernabschluß auszugehen, der in der Regel die ergebnismäßigen Auswirkungen aller wesentlichen Tochter- und Gemeinschaftsunternehmen sowie assoziierten Unternehmen nach Erwerb und Anpassung an die konzerneinheitlichen Bilanzierungsgrundsätze enthält. Sofern dies nicht der Fall ist, sind anteilige bereinigte Ergebnisse zusätzlich zu berücksichtigen.

Enthält das Jahresergebnis des Konzerns Gewinnanteile Dritter, so sind diese vor Ermittlung des Ergebnisses je Aktie abzusetzen; Verlustanteile Dritter sind hinzuzurechnen. Auf Dritte entfallende Anteile an Bereinigungspositionen sind entweder bei den Bereinigungspositionen selbst oder bei den in der GuV ausgewiesenen Gewinn-/Verlustanteilen Dritter zu korrigieren.

Sofern börsennotierte Muttergesellschaften eines Teilkonzerns die Befreiungsregelung der §§ 291 und 292 HGB in Anspruch genommen haben (kein Teilkonzernabschluß), ist das Ergebnis nach DVFA/SG für den Teilkonzern zu ermitteln.

Bei einem Geschäftsjahr mit einer Dauer von weniger als 12 Monaten (Rumpfgeschäftsjahr) ist das Ergebnis nach DVFA/SG – zumindest überschlägig – aus den zurückliegenden 12 Monaten zu ermitteln. In besonderen Fällen kann es sinnvoll sein, das Ergebnis des Rumpfgeschäftsjahres auf 12 Monate hochzurechnen.

4. Allowing for the effects of taxation

4.1 General principles

DVFA/SG earnings are determined – in line with international practice – net of tax. Adjustments are done in such a way that an item to be adjusted is deducted from or added back to the net result for the year only to the extent that – including the effect of deferred taxation – it has contributed towards increasing or decreasing the net result of the group.

Tax savings resulting from losses brought forward and from expenses charged only in the supplementary tax accounts are not eliminated. Where the amount of tax saved is significant, the effect on earnings must be disclosed separately in order to improve comparability between companies.

Income from tax refunds (including those resulting from losses being carried back or reserves released) and charges for back-payments of tax for prior periods are only to be excluded when they are regarded as exceptional as defined in the section entitled "Adjustments for abnormal items". As the treatment for the period under review takes priority over the whole period, the previous year's earnings do not have to be adjusted.

4. Berücksichtigung steuerlicher Auswirkungen

4.1 Allgemeine Grundsätze

In Anlehnung an die internationale Praxis wird das Ergebnis nach DVFA/SG als Größe nach Steuern ermittelt. Die Bereinigung erfolgt in der Weise, daß eine zu bereinigende Position nur insoweit vom Jahresergebnis abgezogen oder hinzugerechnet wird, wie sie – einschließlich der Berücksichtigung latenter Steuern – zu dessen Erhöhung oder Verminderung im Konzern beigetragen hat.

Steuerersparnisse aus der Nutzung von Verlustvorträgen sowie aus Aufwendungen, die nur in einer steuerlichen Ergänzungsbilanz wirksam sind, werden nicht eliminiert. Zur Verbesserung der zwischenbetrieblichen Vergleichbarkeit ist bei Ergebnissen, die dadurch steuerlich wesentlich entlastet sind, über das Ausmaß der Steuerentlastung zu informieren.

Erträge aus Steuererstattungen – auch solche aus Verlustrücktrag oder Rücklagenauflösung – und Aufwendungen aus Steuernachzahlungen für Vorperioden sind nur zu bereinigen, soweit sie als ungewöhnlich im Sinne der Ausführungen über „Zu bereinigende Sondereinflüsse" anzusehen sind. Da die Berichtsperiode in der Darstellung Vorrang vor der Totalperiode hat, wird auf eine Korrektur der Vorjahresergebnisse verzichtet.

4.2 Consequences for the computation of earnings

4.2.1 Non-tax-deductible expenses and non-taxable income

Any items to be adjusted which are non-tax-deductible expenses or non-taxable income (e.g. transfers to or from accrued expense provisions) have to be adjusted in full (gross = net).

4.2.2 Tax-deductible or taxable adjusting items

Items to be adjusted which **are** tax-deductible or taxable have to be treated as follows, subject always to the particular tax situation of the company concerned:

Earnings situation before adjustment*	Net total of extra-ordinary items to be adjusted before tax	Treatment of net adjustment
Net loss for the year	Net income	Gross equals net without limitation
	Net expense	Gross equals net until loss is eliminated, then notional tax charge
Net profit for the year	Net income	Notional tax charge until profit is eliminated, then gross equals net
	Net expense	Notional tax charge
Net loss for the year and loss brought forward	Net income	Gross equals net without limitation
	Net expense	Gross equals net until loss is eliminated, then notional tax charge regardless of any existing loss brought forward
Net profit for the year, completely free of tax owing to loss brought forward	Net income	Gross equals net without limitation
	Net expense	Notional tax charge, ignoring loss brought forward

* The starting point is the published net result for the year after adjusting for non-tax-deductible expenses and non-taxable income.

In addition, any changes compared with the previous year in deferred tax receivables not shown in the balance sheet should be adjusted unless they are already reflected in items to be adjusted or, as is customary in many countries (e.g. the USA), they are linked to tax losses brought forward.

Because of the different tax rates in different countries, a distinction has to be made between domestic and foreign financial statements with regard to the tax effect of adjusting items:

4.2 Konsequenzen für die Ergebnisermittlung

4.2.1 Steuerlich nicht abzugsfähige Aufwendungen und steuerfreie Erträge

Handelt es sich bei zu bereinigenden Positionen um steuerlich nicht abzugsfähige Aufwendungen und steuerfreie Erträge (z. B. Bildung und Auflösung von Aufwandsrückstellungen), sind sie in vollem Umfang (brutto = netto) zu bereinigen.

4.2.2 Steuerwirksame Bereinigungspositionen

Steuerwirksame Bereinigungspositionen sind unter Beachtung der jeweiligen steuerlichen Situation des Unternehmens in folgender Weise zu behandeln:

Ertragssituation vor Bereinigung*	Bereinigungssaldo vor Steuern	Behandlung des Bereinigungssaldos
Jahresfehlbetrag	a.o. Ertragssaldo	brutto gleich netto unbegrenzt
	a.o. Aufwandssaldo	brutto gleich netto bis zur 0-Linie, darüber hinaus: fiktiv versteuern
Jahresüberschuß	a.o. Ertragssaldo	fiktiv versteuern bis zur 0-Linie, darunter: brutto gleich netto
	a.o. Aufwandssaldo	fiktiv versteuern
Jahresfehlbetrag und Verlustvortrag	a.o. Ertragssaldo	brutto gleich netto unbegrenzt
	a.o. Aufwandssaldo	brutto gleich netto bis zur 0-Linie, darüber hinaus: fiktiv versteuern, unabhängig von einem noch bestehenden Verlustvortrag
Jahresüberschuß, voll steuerfrei durch Verlustvortrag	a.o. Ertragssaldo	brutto gleich netto unbegrenzt
	a.o. Aufwandssaldo	fiktiv versteuern, ohne Berücksichtigung des Verlustvortrags

*) Ausgangsbasis ist das ausgewiesene Jahresergebnis nach Bereinigung steuerlich nicht abzugsfähiger Aufwendungen und steuerfreier Erträge.

Zusätzlich sollten gegenüber dem Vorjahr eingetretene Veränderungen der nicht bilanzierten aktiven latenten Steuern bereinigt werden, soweit sie nicht bereits in Bereinigungspositionen angesetzt sind oder, wie in manchen Ländern (z. B. USA) üblich, mit steuerlichen Verlustvorträgen in Zusammenhang stehen.

Hinsichtlich der steuerlichen Auswirkung einer Bereinigungsposition ist wegen unterschiedlicher Steuersätze grundsätzlich zwischen in- und ausländischen Abschlüssen zu differenzieren:

a) In domestic (German) financial statements the current rates of income tax have to be applied to adjusting items (cf. chapter C). As a rule the tax rate on retained profits will be applicable. This is based on the assumption that the amount of profit **retained** would have been correspondingly higher or lower without the items to be adjusted or, in other words, that the amount **distributed** would not have been affected. In appropriate exceptional cases a composite rate of the domestic tax rates on retained and distributed profits can be used if this produces a more accurate picture of the earnings situation.

b) The lower tax charge on distributed profits means that the policy with regard to distributions can have a significant influence on earnings. No adjustment should be made for this consequence of the tax system. Similarly, no adjustment is to be made for any supplementary distribution (e.g. to mark a company's anniversary celebrations).

c) In foreign (non-German) financial statements the local rates of income tax in the country concerned have to be applied to the adjusting items. For reasons of practicality, however, an average tax rate for the group can also be used.

4.3 Treatment of special distributions in connection with changes in tax rates

Tax savings resulting from supplementary distributions are normally an ordinary component of earnings (cf. section 4.2.2.b above).

Special distributions aimed solely at achieving tax savings are an exception. This applies, for example, to the distribution of equity capital created in previous years and taxed at a higher rate. In cases such as this an adjustment has to be made for the difference between the original rate of tax on retained profits and the tax rates on distributed and/or retained profits at the time.

a) Bei inländischen Abschlüssen sind auf Bereinigungspositionen die aktuellen Ertragsteuersätze anzuwenden (vgl. Kapitel C). In der Regel ist dabei der Steuersatz für thesaurierte Gewinne zu verwenden. Damit wird unterstellt, daß die Gewinnthesaurierung ohne die zu bereinigenden Positionen entsprechend höher bzw. niedriger ausgefallen wäre, mit anderen Worten, daß die Höhe der Ausschüttung davon nicht tangiert worden wäre. In begründeten Ausnahmefällen kann auch ein Mischsatz aus inländischem Thesaurierungs- und Ausschüttungssteuersatz Anwendung finden, sofern dies zu einem aussagefähigeren Bild der Ertragslage führt.

b) Aufgrund der geringeren Ertragsteuerbelastung ausgeschütteter Gewinne kann die Ausschüttungspolitik einen wesentlichen Einfluß auf das Ergebnis haben. Diese steuersystematische Auswirkung wird grundsätzlich nicht bereinigt. Auch eine Zusatzausschüttung (z. B. wegen Firmenjubiläums) ist nicht zu bereinigen.

c) Bei ausländischen Abschlüssen sind auf die Bereinigungspositionen die jeweils geltenden landesspezifischen Ertragsteuersätze anzuwenden. Aus Praktikabilitätsgründen kann aber auch ein konzerndurchschnittlicher Satz verwendet werden.

4.3 Behandlung von Sonderausschüttungen im Zusammenhang mit Steuersatzänderungen

Steuerentlastungen aufgrund von Zusatzausschüttungen sind grundsätzlich ein ordentlicher Ergebnisbestandteil (vgl. vorstehenden Abschnitt 4.2.2.b).

Ausnahmen gelten für Sonderausschüttungen, die ausschließlich dazu dienen, steuerliche Entlastungseffekte zu erzielen. Dies gilt beispielsweise für die Ausschüttung von in früheren Jahren gebildetem, höher tarifbesteuerten Eigenkapital. In diesen Fällen ist die Differenz zwischen dem ursprünglichen Thesaurierungssteuersatz und den dann geltenden Steuersätzen für Ausschüttung bzw. Thesaurierung zu bereinigen.

5. Adjustments for abnormal items

In order to arrive at an earnings figure suitable as a basis for inter-year and inter-company comparisons it is necessary to adjust the published net profit or loss for the year by excluding exceptional income and expense items and items resulting from the exercise of accounting options as set out below.

5.1 Exceptional income and expense items

Exceptional income and expense items can only be excluded if they meet the following three criteria at group level all at the same time:
- the amount must be material in relation to the normal income or expenses of the business;
- the amount must be expected to be rare in occurrence – in other words the underlying circumstances must not be likely to recur in the short term;
- the amount must not relate to profits or losses from continuing operations.

"Extraordinary income" or "extraordinary expenses" shown separately in the profit and loss account have to be excluded unless they fail to meet the three criteria indicated above. Income and expenses relating to prior periods disclosed in the notes to the accounts only have to be excluded if they are regarded as exceptional.

Exceptional items which can be excluded may include income and/or expenses relating to the following events or transactions:
- discontinuing important operations such as divisions, product lines or functions;
- fundamental restructuring or reorganization in connection with discontinued operations;
- closing down large plants;
- sale or elimination from the group of major participating interests;
- disposal of significant proportions of tangible fixed assets;
- mergers and amalgamations of important companies;
- abnormal damage and claims expenses and corresponding income from insurance claims;
- expenses of company anniversary celebrations;
- income from financial restructuring (e.g. contributions paid in by shareholders, debts waived);
- expenses of initial stock market flotation.

5. Zu bereinigende Sondereinflüsse

Zur Ermittlung einer für den Zeit- und Unternehmensvergleich geeigneten Ergebnisgröße ist es erforderlich, das ausgewiesene Jahresergebnis um ungewöhnliche und dispositionsbedingte Aufwendungen und Erträge im Sinne der nachstehenden Ausführungen zu bereinigen.

5.1 Ungewöhnliche Aufwendungen und Erträge

Ungewöhnliche Aufwendungen und Erträge können nur dann bereinigt werden, wenn sie auf Konzernebene die folgenden drei Kriterien gleichzeitig erfüllen:
– Es muß sich um einen großen Betrag im Verhältnis zu den gewöhnlichen Aufwendungen bzw. Erträgen handeln.
– Für den Betrag muß eine vorhersehbare Seltenheit bestehen. Das heißt, es darf sich nicht um kurzfristig wiederholbare Tatbestände handeln.
– Bei dem Betrag darf es sich nicht um Verluste oder Gewinne aus kontinuierlichen Aktivitäten (continuing operations) handeln.

In der Gewinn- und Verlustrechnung separat ausgewiesene „außerordentliche Aufwendungen" oder „außerordentliche Erträge" sind zu bereinigen, es sei denn, daß sie die drei genannten Kriterien nicht erfüllen. Im Anhang angegebene periodenfremde Aufwendungen und Erträge sind nur dann zu bereinigen, wenn sie als ungewöhnlich anzusehen sind.

Zu den bereinigungsfähigen ungewöhnlichen Aufwendungen und Erträgen können diejenigen gehören, die unter anderem aus folgenden Maßnahmen entstanden sind:
– Aufgabe wesentlicher Geschäftsbereiche, Produktlinien und Funktionen (discontinued operations)
– gravierende Veränderungen der Aufbau- und Ablauforganisation im Zusammenhang mit discontinued operations
– Stillegung großer Werke
– Verkauf/Entkonsolidierung großer Beteiligungen
– Abgang wesentlicher Teile des Sachanlagevermögens
– Fusionen und Verschmelzungen von bedeutenden Unternehmen
– Aufwendungen aus außergewöhnlichen Schadensfällen und Regreßansprüchen sowie entsprechende Erträge aus Versicherungsleistungen
– Aufwendungen für Firmenjubiläen
– Erträge aus Sanierungsmaßnahmen (z.B. Gesellschafterzuschüsse, Forderungsverzichte)
– Aufwendungen der erstmaligen Börseneinführung.

Exceptional items which cannot be excluded include the following income and/or expenses:
- start-up costs for new plants and products;
- front-end expenditure (e.g. research and development costs, advertising campaigns);
- entry costs to new markets;
- start-up and expansion expenses (cf. section 6.1);
- failed product launches;
- acquisition costs of new participating interests;
- increasing or transferring capacity;
- extra profits resulting from uniquely favourable demand or competitive situations;
- profits and losses from forward transactions;
- write-downs to market value;
- beneficial effects of restructuring in subsequent years;
- expenses of financial restructuring and raising capital (e.g. rights issues).

When deciding whether exceptional items can be excluded or not, the circumstances peculiar to particular industries also have to be taken into account. The following, for example, are not to be regarded as exceptional:
- profits and losses from the disposal of one of several participating interests held by a development capital company as defined by German law;
- income and expenses from the sale of assets of a leasing company.

5.2 Income and expense items resulting from the exercise of accounting options

Experience shows that accounting options offer tremendous scope for differences in valuation from one year to the next and from one company to another. For reasons of practicality and in order to improve comparability between different companies, the most generally accepted accounting treatment is assumed to be the "norm".

There is considerable scope for individual judgment in the calculation of depreciation and provisions. Where it is clear that this scope has been exceeded by accounting options being exercised, an adjustment has to be made.

Changes in valuation methods involve the exercise of accounting options. Income or expense items resulting from such changes have to be adjusted in the year when the change is implemented in such a way that the year under review is comparable with subsequent years.

The adjustments to be made for income and expense items resulting from the exercise of accounting options are detailed in chapter 6: "Components of the proforma computation".

Zu den nicht bereinigungsfähigen ungewöhnlichen Aufwendungen und Erträgen gehören unter anderem die folgenden:

— Anlaufkosten für neue Werke und Produkte
— Vorleistungen (z. B. Forschungs- und Entwicklungsaufwendungen, Werbekampagnen)
— Erschließungskosten für neue Märkte
— Ingangsetzungs- oder Erweiterungsaufwendungen (vgl. Abschnitt 6.1)
— fehlgeschlagene Produkteinführungen
— Akquisitionskosten für den Erwerb neuer Beteiligungen
— Kapazitätserweiterungen oder -verlagerungen
— Zusatzgewinne aufgrund einmalig günstiger Nachfrage- oder Wettbewerbskonstellationen
— Verluste und Gewinne aus Termingeschäften
— Tageswertabschreibungen
— positive Auswirkungen aus Restrukturierungsmaßnahmen in den Folgejahren
— Aufwendungen für Finanzierungsmaßnahmen (z. B. Kapitalerhöhungen).

Bei der Beurteilung der Bereinigungsfähigkeit ungewöhnlicher Aufwendungen und Erträge sind auch branchenspezifische Gegebenheiten zu berücksichtigen. Nicht als ungewöhnlich anzusehen sind beispielsweise:

— Gewinne und Verluste aus der Veräußerung einer von zahlreichen Beteiligungen einer Unternehmensbeteiligungsgesellschaft im Sinne des UBGG.
— Aufwendungen und Erträge aus dem Verkauf von Anlagegütern eines Leasingunternehmens.

5.2 Dispositionsbedingte Aufwendungen und Erträge

Die Erfahrung zeigt, daß Bewertungsspielräume sowohl im Zeitablauf als auch von Unternehmen zu Unternehmen sehr unterschiedlich genutzt werden. Damit eine bessere Vergleichbarkeit zwischen verschiedenen Unternehmen hergestellt werden kann, wird aus Gründen der Praktikabilität die als vorherrschend angesehene Bilanzierungsmethode als „Normalfall" unterstellt.

Bei der Bemessung von Abschreibungen und Rückstellungen gibt es Ermessensspielräume. Sofern sich erkennen läßt, daß diese Spielräume dispositiv ausgeschöpft wurden, ist eine Bereinigung vorzunehmen.

Änderungen von Bewertungsmethoden haben dispositiven Charakter. Daraus resultierende Aufwendungen oder Erträge sind im Jahr der Änderung so zu bereinigen, daß das Berichtsjahr mit den Folgejahren vergleichbar ist.

Einzelheiten über die Bereinigung dispositiver Aufwendungen und Erträge sind im Kapitel 6 „Die Komponenten des Ermittlungsschemas" dargestellt.

6. Components of the proforma computation

Exceptional items and items resulting from the exercise of accounting options should be dealt with as shown in the proforma computation set out in chapter A.I.7. The starting point is the net result for the year or (where profits are to be transferred) the result before any profit less associated tax charge is transferred or any loss is taken over. This figure is then adjusted for abnormal items.

For the sake of good order the proforma computation is explained below by reference to balance sheet headings. Foreign currency considerations are dealt with in a separate section.

6.1 Start-up and business expansion expenses

Start-up and business expansion expenses are treated as an ordinary expense. Any amounts capitalized therefore have to be charged against earnings, always bearing in mind that the associated write-downs will have to be eliminated in subsequent years.

6.2 Intangible assets

6.2.1 Concessions, industrial property rights and similar rights

Scheduled amortization of concessions and industrial property rights such as patents, licences, trademarks, copyright, and other similar rights charged in accordance with company law regulations has to be treated as an ordinary expense in arriving at DVFA/SG earnings in the same way as depreciation of tangible fixed assets. Unscheduled amortization, including write-downs to the "going concern" value recognized for tax purposes, and profits and losses on disposal of concessions, industrial property rights and similar rights have to be treated in accordance with the recommendations on tangible fixed assets (see section 6.3).

6.2.2 Goodwill

International accounting practice regarding the treatment of goodwill is still in a state of flux. In view of the options existing for accounting for goodwill in consolidated financial statements (writing it off through the profit and loss account or setting it off against reserves), the aim of the following recommendations is to facilitate comparability.

Goodwill is treated as earnings neutral for the purpose of computing DVFA/SG earnings. Any amortization of goodwill charged in the profit and loss account without being allowable for tax purposes is reversed (gross = net). Amortization charged which is also tax-allowable (e.g. sometimes allowable abroad) is adjusted net of tax. Since the purpose of adjusting the net result for the year is to arrive at a comparable earnings figure, this

6. Die Komponenten des Ermittlungsschemas

Bei der Erfassung der ungewöhnlichen und dispositionsbedingten Sondereinflüsse soll nach dem in Kapitel A.I.7 aufgeführten Arbeitsschema vorgegangen werden. Danach ist vom Jahresergebnis oder – im Falle von Ergebnisabführungen – vom Ergebnis vor Gewinnabführung abzüglich darauf anzusetzender Steuern bzw. vom Ergebnis vor Verlustausgleich auszugehen. Dieses ist dann um die Sondereinflüsse zu bereinigen.

Das Arbeitsschema und die Erläuterungen wurden aus systematischen Gründen im folgenden nach Bilanzpositionen gegliedert. Fremdwährungseinflüsse sind gesondert dargestellt.

6.1 Aufwendungen für die Ingangsetzung und Erweiterung des Geschäftsbetriebs

Aufwendungen für die Ingangsetzung und Erweiterung des Geschäftsbetriebs werden als ordentlicher Aufwand angesehen. Eine Aktivierung ist deshalb ergebnismindernd anzusetzen, wobei allerdings in den Folgejahren dann auch die darauf entfallenden Abschreibungen zu eliminieren sind.

6.2 Immaterielle Vermögensgegenstände

6.2.1 Konzessionen, gewerbliche Schutzrechte u. ä.

Planmäßige handelsrechtliche Abschreibungen auf Konzessionen, gewerbliche Schutzrechte wie Patente, Lizenzen, Markenzeichen, Urheberrechte oder sonstige ähnliche Rechte sind im Ergebnis nach DVFA/SG analog den Abschreibungen auf Sachanlagen als ordentlicher Aufwand anzusehen. Außerplanmäßige Abschreibungen einschließlich steuerlich wirksamer Teilwertabschreibungen sowie Gewinne und Verluste aus dem Abgang von Konzessionen, gewerblichen Schutzrechten u. ä. sind entsprechend den Empfehlungen zu Sachanlagen zu behandeln (siehe Abschnitt 6.3).

6.2.2 Geschäfts- oder Firmenwert (Goodwill)

In der Frage der Behandlung von Geschäfts- oder Firmenwerten ist die internationale Bilanzierungspraxis noch im Fluß. Die nachstehenden Empfehlungen werden wegen der bestehenden Ausweiswahlrechte im Konzernabschluß (erfolgswirksame Abschreibung oder erfolgsneutrale Verrechnung gegen Rücklagen) aus Gründen einer leichteren Vergleichbarkeit gewählt.

Für die Ermittlung des Ergebnisses nach DVFA/SG wird der Geschäfts- oder Firmenwert erfolgsneutral behandelt. Vorgenommene Abschreibungen auf Geschäfts- oder Firmenwerte, die keine steuerlichen Auswirkungen hatten, werden brutto = netto korrigiert. Abschreibungen, die mit steuerlicher Wirkung vorgenommen wurden (z. B. teilweise im

applies even in cases where the capitalization of goodwill is actually the only option because there are not sufficient reserves available for it to be set off without affecting earnings.

This rule applies equally to goodwill arising on consolidation and to goodwill taken into the consolidated accounts from the financial statements of individual companies. It can normally be assumed that amortization of goodwill arising on consolidation is not allowable for tax purposes. Exceptions to this can arise when foreign subgroup accounts are incorporated into worldwide consolidated financial statements.

This earnings-neutral treatment of goodwill in the computation of DVFA/SG earnings also applies to cases where purchased goodwill in the financial statements of an individual company is charged in full as an expense in the year of acquisition. In such cases the expense charged has to be reversed net of its tax effect.

6.3 Tangible fixed assets

6.3.1 Depreciation of tangible fixed assets

Scheduled depreciation charged in accordance with company law regulations has to be treated as an ordinary expense. The same applies to declining balance depreciation charged in accordance with tax regulations. These tax-allowable depreciation charges comply with generally accepted accounting standards under German company law. Scheduled depreciation charges materially in excess of the amount recognized for tax purposes, however, have to be adjusted.

Unscheduled depreciation charges, including write-downs to the "going concern" value recognized for tax purposes, do not normally result from the exercise of accounting options but from a permanent diminution in value of the asset concerned. They should only be adjusted if they are charged in exceptional circumstances (see section 5).

The net result for the year has to be adjusted, in contrast, for special tax-allowable depreciation charges of the kind permitted under § 254 of the German Commercial Code or similar regulations in foreign countries, to the extent that they exceed normal depreciation charges. The normal depreciation pre-empted by special tax-allowable depreciation then has to be charged against earnings in subsequent years. The same procedure is recommended where unscheduled depreciation charged has been adjusted as an exceptional item but the reason for charging it has subsequently ceased to exist and the asset has not been reinstated to its original value in the form of a write-up.

Where special tax-allowable depreciation charged has been taken to a special tax-allowable reserve in the balance sheet, the earnings figure has to be increased by the amount charged for allocation to the reserve and decreased by any amount released from the reserve back to income (see section 6.8). The normal depreciation pre-empted by special depreciation is automatically taken into account by this procedure.

Ausland möglich), werden mit ihrem Betrag nach Steuern bereinigt. Da die Bereinigung des Jahresergebnisses auf die Ermittlung eines vergleichbaren Ergebnisses abzielt, gilt dies auch dann, wenn im Einzelfall tatsächlich nur eine Aktivierung des Geschäfts- oder Firmenwertes möglich ist, weil keine ausreichenden Rücklagen für eine ergebnisneutrale Verrechnung vorhanden sind.

Diese Regelung gilt sowohl für Geschäfts- oder Firmenwerte aus der Kapitalkonsolidierung als auch für solche, die aus Einzelabschlüssen in den Konzernabschluß übernommen werden. In der Regel kann davon ausgegangen werden, daß Abschreibungen auf Geschäfts- oder Firmenwerte aus der Kapitalkonsolidierung ohne steuerliche Wirkung erfolgen. Ausnahmen können bei im Weltabschluß erfaßten ausländischen Teilkonzernabschlüssen auftreten.

Die erfolgsneutrale Behandlung im Ergebnis nach DVFA/SG gilt auch für den Fall, daß ein erworbener Geschäfts- oder Firmenwert aus dem Einzelabschluß im Jahr der Entstehung in voller Höhe als Aufwand verbucht wird. In diesem Falle ist die Aufwandsverrechnung unter Berücksichtigung ihrer steuerlichen Wirkung rückgängig zu machen.

6.3 Sachanlagen

6.3.1 Abschreibungen auf Sachanlagen

Planmäßige handelsrechtliche Abschreibungen sind als ordentlicher Aufwand anzusehen. Dies gilt auch für degressive Abschreibungen, die nach steuerlichen Bestimmungen vorgenommen werden. Diese steuerlichen Abschreibungen entsprechen den handelsrechtlichen Grundsätzen ordnungsmäßiger Buchführung (GoB). Zu korrigieren sind dagegen planmäßige Abschreibungen, die über das steuerrechtlich anerkannte Maß wesentlich hinausgehen.

Außerplanmäßige Abschreibungen einschließlich steuerlich wirksamer Teilwertabschreibungen sind in der Regel nicht dispositionsbedingt, sondern die Folge einer nachhaltigen Wertminderung des betreffenden Anlagengegenstandes. Sie sollten nur dann bereinigt werden, wenn sie mit ungewöhnlichen Vorgängen in Zusammenhang stehen (siehe Abschnitt 5).

Das Jahresergebnis ist dagegen um steuerrechtliche Sonderabschreibungen im Sinne des § 254 HGB oder analoger Vorschriften im Ausland zu korrigieren, soweit sie die Normalabschreibungen übersteigen. Die durch steuerrechtliche Sonderabschreibungen vorweggenommenen Normalabschreibungen sind in den Folgejahren ergebnismindernd zu berücksichtigen. Die gleiche Vorgehensweise wird bei außerplanmäßigen Abschreibungen empfohlen, die als ungewöhnlich bereinigt wurden, bei denen aber später der Grund für die Vornahme der Abschreibung entfallen und keine Wertaufholung in Form einer Zuschreibung erfolgt ist.

Amounts by which tangible fixed assets are written up have always to be deducted from earnings if they are material.

Any significant amounts resulting from changes in depreciation periods and/or methods have to be adjusted in such a way that the current year figures are comparable with those of subsequent years.

6.3.2 Amortization of hidden reserves disclosed

The amortization of hidden valuation reserves released by writing up fixed assets is treated as an ordinary expense and therefore not adjusted.

6.3.3 Profits and losses on disposal of tangible fixed assets

Profits and losses on fixed asset disposals only have to be excluded if they are exceptional or result from the exercise of accounting options (see section 5). Examples of revenue items of this kind include profits or losses from discontinuing or disposing of an operating division, a large plant or an important part of a business, and profits on sale-and-lease-back transactions.

Profits on disposals of tangible fixed assets are to be regarded as exceptional if the hidden reserves realized have been built up over a relatively long period of time and large individual amounts are involved.

Profits and losses on the sale of assets leased out by a leasing company, by contrast, do not normally have to be excluded.

6.3.4 Valuation of assets manufactured in-house

Valuing assets of own manufacture at direct cost plus appropriate proportions of materials overheads and factory overheads (including depreciation) is regarded as normal and no adjustment is required. If the method of valuation departs significantly from the treatment regarded as normal an adjustment has to be made if large individual amounts are involved. The depreciation charged in subsequent years then has to be adjusted accordingly.

Im Falle des Ausweises von steuerrechtlichen Sonderabschreibungen im Sonderposten mit Rücklageanteil ist das Ergebnis um die hiermit in Zusammenhang stehenden Aufwendungen aus der Einstellung zu erhöhen und um die Erträge aus der Auflösung zu vermindern (siehe Abschnitt 6.8). Die durch Sonderabschreibungen vorweggenommenen Normalabschreibungen werden dadurch automatisch berücksichtigt.

Zuschreibungen zum Sachanlagevermögen sind stets ergebnismindernd zu berücksichtigen, wenn sie wesentlich sind.

Wesentliche Effekte aus der Änderung von Abschreibungsdauern und/oder -methoden sind so zu bereinigen, daß das Berichtsjahr mit den Folgejahren vergleichbar ist.

6.3.2 Abschreibungen von aufgedeckten stillen Reserven

Die Abschreibungen von aufgedeckten stillen Reserven im Anlagevermögen werden als ordentlicher Aufwand angesehen und damit nicht bereinigt.

6.3.3 Gewinne und Verluste aus dem Abgang von Gegenständen des Sachanlagevermögens

Gewinne und Verluste aus Anlagenabgängen sind nur dann zu bereinigen, wenn es sich um ungewöhnliche oder dispositive Vorgänge handelt (siehe Abschnitt 5). Als Beispiele für solche Ergebniseinflüsse kommen Gewinne bzw. Verluste aus der Aufgabe/Veräußerung eines Unternehmensbereichs, eines großen Werks oder wesentlichen Teilbetriebs oder auch Gewinne aus „Sale-and-lease-back" in Betracht.

Gewinne aus Abgängen von Gegenständen des Sachanlagevermögens gelten dann als ungewöhnlich, wenn sich die realisierten stillen Reserven über einen längeren Zeitraum aufgebaut haben und es sich um große Einzelsachverhalte handelt.

Gewinne und Verluste aus dem Verkauf von Anlagegütern des Leasinggeschäfts eines Leasingunternehmens sind dagegen in der Regel nicht zu bereinigen.

6.3.4 Bewertung von selbsterstellten Sachanlagen

Bei der Bewertung von selbsterstellten Anlagen wird der Ansatz zu Einzelkosten zuzüglich angemessener Teile der Material- und Fertigungsgemeinkosten einschließlich Abschreibungen als nicht zu bereinigender Normalfall angesehen. Im Falle wesentlicher Abweichungen von der als Normalfall unterstellten Bewertung ist dann eine Bereinigung vorzunehmen, wenn es sich um große Einzelsachverhalte handelt. In den Folgejahren sind dann die Anlagenabschreibungen entsprechend zu korrigieren.

6.3.5 Investment grants and allowances

Investment grants and allowances in connection with fixed asset expenditure are to be regarded as ordinary income. For the purpose of computing DVFA/SG earnings such items have to be spread over the useful life of the assets concerned. For reasons of practicality they can be spread over a period of five years.

6.4 Investments (financial fixed assets)

Write-downs on participating interests and other financial fixed assets to reflect a permanent diminution in value are not normally to be adjusted unless they are exceptional as described in section 5.

Write-downs which are made to reflect a temporary diminution in value and therefore represent accounting options being exercised over-indulgently have to be added back to earnings.

Profits and losses on disposals of investments and income from writing up investments have to be treated in the same way as the corresponding items in respect of tangible fixed assets.

If distributions received or earnings taken over from companies in which participating interests are held, or the proportionate results of companies accounted for by the equity method, include material abnormal items of an exceptional nature or resulting from the exercise of accounting options, the earnings figures have to be adjusted accordingly.

6.5 Inventories and work in progress

The range of valuation options available means that there is considerable scope under company law regulations for differences in the valuation of inventories. The method regarded as normal is to value inventories at direct cost plus appropriate proportions of materials overheads and factory overheads (including depreciation). In the case of long-term contract production (where the contract extends over at least two balance sheet dates) the normal method of valuation is at the production costs eligible for inclusion or, where work in progress can be invoiced, total cost. If a company departs from this method of valuing its inventories, the change in the valuation difference is only to be adjusted against earnings if the amounts involved are material.

With regard to the options allowed under company law for the application of suitable "order of consumption" methods, no adjustment is generally required if the method or methods are applied on a consistent basis. This also applies to the LIFO method (recognized for tax purposes in Germany since 1990) which values inventories at the purchase or production cost of those in stock the longest.

6.3.5 Investitionszulagen und -zuschüsse

Investitionszulagen und -zuschüsse, die mit Sachanlageinvestitionen im Zusammenhang stehen, sind als ordentlicher Ertrag zu betrachten. Für die Ermittlung des Ergebnisses nach DVFA/SG ist von einer Periodisierung entsprechend der Nutzungsdauer der Investitionen auszugehen. Zur Vereinfachung kann eine Periodisierung über fünf Jahre vorgenommen werden.

6.4 Finanzanlagen

Abschreibungen auf Beteiligungen und andere Posten des Finanzanlagevermögens, die aufgrund einer nachhaltigen Wertminderung erfolgen, sind grundsätzlich nicht zu bereinigen; es sei denn, daß es sich um einen ungewöhnlichen Vorgang im Sinne von Abschnitt 5 handelt.

Abschreibungen, die im Falle von vorübergehenden Wertminderungen erfolgen und damit dispositionsbedingten Vorsorgecharakter haben, sind ergebniserhöhend zu korrigieren.

Gewinne und Verluste aus dem Abgang von Finanzanlagen sowie Erträge aus Zuschreibungen sind in gleicher Weise zu behandeln wie die entsprechenden Vorgänge bei Sachanlagen.

Sofern von Beteiligungen erhaltene Ausschüttungen, übernommene Ergebnisse oder at equity bilanzierte anteilige Jahresergebnisse wesentliche ungewöhnliche oder dispositionsbedingte Sondereinflüsse enthalten, sind die Ergebnisse entsprechend zu korrigieren.

6.5 Vorräte und noch nicht abgerechnete Leistungen

Für die Bewertung der Vorräte bestehen handelsrechtlich aufgrund der Aktivierungswahlrechte erhebliche Bewertungsspielräume. Als Normalfall wird die Bewertung der Vorräte zu Einzelkosten zuzüglich angemessener Teile der Material- und Fertigungsgemeinkosten einschließlich Abschreibungen angesehen. Bei langfristiger Auftragsfertigung (Auftragsdurchlaufzeit erstreckt sich über mindestens zwei Bilanzstichtage) kommen als Normalfall die aktivierungsfähigen Herstellungskosten bzw. bei abrechenbaren Teilleistungen die vollen Selbstkosten in Betracht. Weicht ein Unternehmen bei der Bewertung seiner Vorräte hiervon ab, so ist die Veränderung des Bewertungsunterschieds nur dann ergebniswirksam zu bereinigen, wenn es sich um wesentliche Beträge handelt.

Für die handelsrechtlichen Wahlrechte bei der Anwendung geeigneter Verbrauchsfolgeverfahren ist grundsätzlich eine Korrektur dann nicht erforderlich, wenn das oder die angewendeten Verfahren beibehalten werden. Dies gilt auch für das seit 1990 in Deutschland steuerlich anerkannte Lifo-Verfahren, das die Bestände zu den Anschaffungs- oder Herstellungskosten der zeitlich am längsten zurückliegenden Zugänge bewertet.

A change in the method of valuation and/or in the "order of consumption" method represents a change resulting from the exercise of an accounting option, the effects of which on earnings have to be adjusted in the year when the change is implemented in such a way that the current year figures are comparable with those of subsequent years.

Mark-downs to lower market value required by company law are not adjusted, even if the market price should rise again in the following year. Discretionary mark-downs in excess of the amounts required by company law have to be added back to earnings. When the inventories marked down in this way are subsequently used up, earnings have to be reduced accordingly.

Tax-allowable mark-downs of the kind permitted under § 254 of the German Commercial Code (such as valuation allowances on imported goods) have to be adjusted by the amount of the change compared with the previous year. Where tax-allowable mark-downs charged are taken to special tax-allowable reserves on the liabilities side of the balance sheet, the necessary adjustments are made by eliminating amounts transferred to or released from those reserves (see section 6.8).

6.6 Short-term receivables and other current assets, prepaid expenses

Receivables are normally written down to reflect foreseeable losses or diminution in value according to the lower of cost or market principle. No adjustment should therefore be made for such write-downs nor for any amounts subsequently received or written up.

Write-downs of receivables and other current assets can, however, be adjusted if the write-downs exceed by a significant margin the amounts considered necessary to provide for the current risks of loss or diminution in value. Any income subsequently realized in the form of amounts released from bad debt provisions of this kind then has to be excluded accordingly in the computation of DVFA/SG earnings.

Specific bad debt provisions for amounts receivable from large domestic or foreign customers and general provisions for foreign receivables charged to reflect acute risks in certain countries must not be adjusted, because they are part of the normal business operations of a company. Even if provisions or write-downs of this type are exceptional in amount, no adjustment can be justified. This applies even if such amounts are shown as extraordinary expenses in the profit and loss account.

The net change in the general provision for bad debts has to be treated as ordinary income or expenditure unless non-recurring factors (e.g. a change in the rate at which the general provision is calculated) have had a material effect on the amount of the change.

Debt discount carried forward as an asset under prepaid expenses in connection with borrowed capital is not to be adjusted if it is written off over the term of the loan.

Ein Wechsel der Bewertungsmethode und/oder des Verbrauchsfolgeverfahrens sind dispositionsbedingte Vorgänge, deren Ergebnisauswirkungen im Jahr der Umstellung so zu bereinigen sind, daß das Berichtsjahr mit den Folgejahren vergleichbar ist.

Handelsrechtlich gebotene Abschreibungen auf den niedrigeren Tageswert werden nicht bereinigt, auch wenn im folgenden Jahr der Börsen- oder Marktwert wieder steigen sollte. Dispositive Abschreibungen, die über das handelsrechtlich gebotene Maß hinausgehen, sind ergebniserhöhend zu bereinigen. Werden die dispositiv abgeschriebenen Vorräte in den Folgejahren verbraucht, so sind entsprechende Ergebnisminderungen anzusetzen.

Steuerrechtliche Abschreibungen im Sinne des § 254 HGB – wie z. B. Importwarenabschläge – sind in Höhe der Veränderung gegenüber dem Vorjahr zu bereinigen. Werden die steuerrechtlichen Abschreibungen passivisch als Sonderposten mit Rücklageanteil ausgewiesen, so erfolgen die erforderlichen Korrekturen zusammen mit der Bereinigung der Einstellung bzw. Auflösung dieser Sonderposten (siehe Abschnitt 6.8).

6.6 Forderungen und sonstige Vermögensgegenstände des Umlaufvermögens sowie Rechnungsabgrenzungsposten

Forderungsabschreibungen dienen in der Regel der Berücksichtigung erkennbarer Verluste oder Wertminderungen nach dem Niederstwertprinzip. Eine Korrektur der Forderungsabschreibungen sowie eventueller späterer Forderungseingänge oder -zuschreibungen ist daher nicht vorzunehmen.

Eine Korrektur von Abschreibungen auf Forderungen und sonstige Vermögensgegenstände des Umlaufvermögens kommt jedoch dann in Betracht, wenn die Abschreibungen erheblich über die Berücksichtigung aktueller Verlust- oder Wertminderungsrisiken hinausgehen. Entsprechend sind dann auch eventuelle spätere Erträge aus der Auflösung von derartigen Wertberichtigungen im Ergebnis nach DVFA/SG zu bereinigen.

Einzelwertberichtigungen auf Forderungen gegenüber in- oder ausländischen Großabnehmern bzw. pauschalierte Abschreibungen auf Auslandsforderungen, die aufgrund von akuten Länderrisiken vorgenommen werden, sind nicht zu bereinigen, da sie Bestandteil der normalen operativen Geschäftsrisiken eines Unternehmens sind. Auch bei ungewöhnlicher Höhe derartiger Wertberichtigungen/Abschreibungen ist eine Korrektur nicht zu rechtfertigen. Dies gilt auch dann, wenn diese Beträge in der Gewinn- und Verlustrechnung als außerordentlicher Aufwand ausgewiesen werden.

Die Nettoveränderung der Pauschalwertberichtigung zu Forderungen ist als ordentlicher Aufwand bzw. Ertrag zu betrachten, sofern nicht Einmaleffekte (z. B. Änderung des Satzes der Pauschalwertberichtigung) maßgeblich auf die Veränderung eingewirkt haben.

Bei einem unter den Rechnungsabgrenzungsposten im Zusammenhang mit der Aufnahme von Fremdkapital ausgewiesenen Disagio ist die Abschreibung über die Laufzeit des Darlehens als nicht zu bereinigender Normalfall anzusehen.

6.7 Consolidation difference on the liabilities side of the balance sheet

Amounts released to income from a negative consolidation difference on the liabilities side of the balance sheet have to be excluded at the gross amount in the computation of DVFA/SG earnings if it is clear at the balance sheet date that the income is effectively a profit (a "lucky buy").

Amounts released to income from a negative consolidation difference on the liabilities side of the balance sheet in order to offset losses or expenses incurred are to be regarded as ordinary provided the timing of the release is linked to the acquisition of the participating interest. Any excess of the amount released over the expenses (after allowing for their tax effect on the net result for the year) has to be excluded.

6.8 Special tax-allowable reserves

Special tax-allowable reserves have to be shown on the liabilities side of the balance sheet when depreciation charges or valuation concessions are only allowable for tax purposes if they are treated in the same way in the financial statements drawn up under company law.

Amounts taken to special tax-allowable reserves are regarded as an expense resulting from the exercise of an accounting option by which the net result for the year has to be increased (after allowing for notional income taxes). Amounts released from special tax-allowable reserves have to be adjusted in the same way as income resulting from the exercise of accounting options. For the treatment of investment grants and allowances included in special tax-allowable reserves see section 6.3.5.

6.9 Provisions and accruals

6.9.1 Provisions for pensions and similar obligations

Amounts allocated to provisions for pensions and similar obligations are normally an ordinary expense. In Germany the amount required is usually arrived at by calculating provisions on the basis of their "going concern" valuation allowed for tax purposes. Internationally recognized procedures, however, can also be used.

The following abnormal items, on the other hand, have to be excluded as exceptional or resulting from the exercise of accounting options:
- the non-recurring effects of a change in method or material changes in parameters (notional interest rate, mortality rates);
- discretionary or exceptionally large allocations to make good previous shortfalls in provisions for pensions or similar obligations (this applies, for example, to retrospective pension adjustments to catch up with inflation and to the accrual of health care commitments in the United States);

6.7 Passivischer Unterschiedsbetrag aus der Kapitalkonsolidierung

Erfolgswirksam gebuchte Erträge aus der Auflösung eines passivischen Unterschiedsbetrages aus der Kapitalkonsolidierung sind bei der Ermittlung des Ergebnisses nach DVFA/SG dann mit dem Bruttobetrag zu bereinigen, wenn am Abschlußstichtag feststeht, daß die Erträge einem realisierten Gewinn („Lucky Buy") entsprechen.

Erträge aus der Auflösung eines passivischen Unterschiedsbetrags, die zum Ausgleich eingetretener Verluste und Aufwendungen herangezogen werden, sind als ordentlich zu betrachten, sofern die Auflösung in zeitlichem Zusammenhang mit dem Erwerb der Beteiligung steht. Sofern der Auflösungsbetrag die Aufwendungen – nach Berücksichtigung ihrer steuerlichen Auswirkungen auf das Jahresergebnis – übersteigt, ist die Differenz zu bereinigen.

6.8 Sonderposten mit Rücklageanteil

Sonderposten mit Rücklageanteil sind auf der Passivseite der Bilanz zu bilden, wenn die Anerkennung steuerlicher Abschreibungsmöglichkeiten bzw. Bewertungserleichterungen von einer entsprechenden Berücksichtigung im handelsrechtlichen Jahresabschluß abhängig ist.

Zuführungen zum Sonderposten mit Rücklageanteil werden als dispositionsbedingter Aufwand angesehen, um den das Jahresergebnis nach Berücksichtigung fiktiver Ertragsteuern zu erhöhen ist. Beträge aus der Auflösung von Sonderposten mit Rücklageanteil sind entsprechend als dispositionsbedingter Ertrag zu bereinigen. Wegen der Behandlung von im Sonderposten enthaltenen Investitionszulagen und -zuschüssen siehe Abschnitt 6.3.5.

6.9 Rückstellungen

6.9.1 Rückstellungen für Pensionen und ähnliche Verpflichtungen

Zuführungen zu den Rückstellungen für Pensionen und ähnliche Verpflichtungen stellen in der Regel gewöhnlichen Aufwand dar. Dabei wird in Deutschland üblicherweise von einer Ermittlung der Rückstellungen auf Basis des steuerlichen Teilwertverfahrens ausgegangen. Es können aber auch international anerkannte Verfahren zur Anwendung gelangen.

Als ungewöhnlich bzw. dispositionsbedingt sind dagegen folgende Sondertatbestände zu bereinigen:
– Einmaleffekte, die sich aus einem Methodenwechsel oder wesentlichen Änderungen von Parametern (z. B. Rechnungszinsfuß, Sterbewahrscheinlichkeiten) ergeben.
– Dispositive oder ungewöhnlich hohe Nachholungen bisher nicht bzw. nicht ausreichend passivierter Pensionsrückstellungen oder pensionsähnlicher Verpflichtungen. Dies gilt

– discretionary decisions not to accrue provisions for pensions and similar obligations in the year under review (e.g. commitments given prior to December 31, 1986, in accordance with the option under company law);

– persistent departures from the normal methods of calculation (e.g. with regard to the notional interest rate).

Amounts allocated to pension funds and staff welfare funds as well as premiums on life insurance policies taken out for employees are treated in the same way as ordinary expenditure of the period, unless the amounts are materially affected by exceptional circumstances or the exercise of accounting options.

6.9.2 Other accrued liabilities

Provisions and accruals are extremely important in German accounting practice as a precautionary measure against future risks. They are steadily increasing in importance, for example, in connection with obligations for waste disposal and protection of the environment. Provisions and accruals of this kind have to be eliminated in the interests of intercompany and inter-year comparability if they fall within the definition of exceptional items. The evaluation of risks and the associated calculation of provisions are based on estimates which, by their very nature, provide scope for individual judgment. The elimination of accrued items is indicated if it becomes clear that this scope has been exceeded by accounting options being exercised on a discretionary basis. The criteria for accruals to be recognized for tax purposes may also be taken into account.

Provisions and accruals of a discretionary nature generally include expense equalization provisions (§ 249(2) of the German Commercial Code) and maintenance expense provisions (§ 249(1), sentence 3, German Commercial Code). Provisions of this kind made, invoked or released during the year have to be excluded in the computation of DVFA/SG earnings. Amounts not recognized for tax purposes are eliminated gross = net.

Income in the form of amounts released from provisions arises from the uncertainty of information at the time when a provision was accrued and is an ordinary business transaction. Its exclusion should only be considered if large individual amounts are involved. It should be excluded, in particular, if the amount originally allocated to the provision was excluded owing to its exceptional or discretionary nature.

z. B. für die Nachholung inflationsbedingter Rentenanpassungen sowie von Gesundheitsfürsorgeverpflichtungen in den USA.

– Dispositive Unterlassungen der Bildung von Rückstellungen für Pensionen und ähnliche Verpflichtungen im Berichtsjahr (z. B. bei Zusagen vor dem 31.12.1986 gemäß handelsrechtlichem Wahlrecht).

– Dauerhafte Abweichungen von den üblichen Ermittlungsmethoden (z. B. hinsichtlich des Rechnungszinsfußes).

Zuführungen zu Pensions- und Unterstützungskassen sowie Prämien für Direktversicherungen werden in gleicher Weise als gewöhnlicher Aufwand der Periode behandelt, sofern die Beträge nicht durch ungewöhnliche bzw. dispositionsbedingte Sondertatbestände wesentlich beeinflußt sind.

6.9.2 Sonstige Rückstellungen

Die Rückstellungen haben im deutschen Bilanzrecht eine große Bedeutung zur Vorsorge gegen zukünftige Risiken. Ihre Bedeutung nimmt zum Beispiel im Zusammenhang mit Umweltschutz- bzw. Entsorgungsverpflichtungen ständig zu. Im Interesse eines Zeit- und Betriebsvergleichs ist eine Eliminierung von solchen Rückstellungstatbeständen vorzunehmen, die die Kriterien der Ungewöhnlichkeit erfüllen. Die Bewertung von Risiken und damit die Rückstellungsbildung beruht auf Schätzungen. Hierdurch ergeben sich Ermessensspielräume. Eine Eliminierung von Rückstellungsbestandteilen ist dann geboten, wenn erkennbar wird, daß diese Ermessensspielräume dispositiv ausgeschöpft wurden. Die Kriterien für die steuerliche Anerkennung von Rückstellungen können mit herangezogen werden.

Zu den Rückstellungen mit dispositivem Charakter gehören generell die Aufwandsrückstellungen gemäß § 249 Abs. 2 HGB und die Instandhaltungsrückstellungen gemäß § 249 Abs. 1 Satz 3 HGB. Bildung, Inanspruchnahme und Auflösung sind bei der Ermittlung des Ergebnisses nach DVFA/SG zu bereinigen. Für steuerlich nicht anerkannte Beträge erfolgt die Bereinigung brutto = netto.

Erträge aus der Auflösung von Rückstellungen ergeben sich aus der Unsicherheit der Informationen bei der Bildung der Rückstellung und sind Bestandteil des normalen Geschäfts. Ihre Eliminierung kommt nur bei großen Einzelsachverhalten in Betracht. Sie sollte insbesondere dann erfolgen, wenn die seinerzeitige Bildung der Rückstellung wegen der Ungewöhnlichkeit bzw. des dispositiven Charakters bereinigt wurde.

6.10 Foreign currency considerations

Foreign exchange gains and losses arise in the first place in the course of business transactions between countries with different currencies and in the second place when foreign
currencies are translated into DM for the purpose of consolidating foreign group companies.

Foreign exchange gains and losses on business transactions are part of ordinary earnings
and therefore not to be eliminated. Similarly, income and expenses in connection with
forward cover transactions are part of normal business.

German company law does not contain any regulations governing foreign currency translation for the inclusion of foreign companies in consolidated financial statements.
Various different methods are also used in international practice. Regardless of the
method of translation used, however, foreign exchange gains and losses on translating
assets and liabilities (translation differences in the balance sheet) should not affect
DVFA/SG earnings. If the published consolidated profit or loss for the year has been
increased or decreased by changes in translation differences in the balance sheet, the
amount involved has to be excluded in the computation of DVFA/SG earnings. Translation differences in balance sheets in countries with high rates of inflation, however,
have only to be eliminated to the extent that the amounts included in the consolidated
profit and loss account do not replace valuation allowances required in hard currency.

If the consolidated profit or loss for the year is computed as the net difference between
the income and expenses of foreign subsidiaries translated at average or different rates of
exchange, no adjustment is necessary for the computation of DVFA/SG earnings. This
reflects the increasing importance of this method in international practice.

If the net profits or losses of subsidiaries are translated at the exchange rates ruling at the
balance sheet date and the other items in the profit and loss account at average or histo-
rical rates of exchange, the resultant differences are normally included in other operating
income or expenses. If the differences are material the method of treatment should be
discussed with the company.

6.10 Fremdwährungseinflüsse

Währungskursgewinne und -verluste entstehen einerseits im Zuge geschäftlicher Transaktionen über die Währungsgrenze hinweg, andererseits bei der Umrechnung ausländischer Währungen in DM zum Zwecke der Konsolidierung ausländischer Konzerngesellschaften.

Währungskursgewinne bzw. -verluste aus geschäftlichen Transaktionen sind Bestandteil des ordentlichen Ergebnisses und grundsätzlich nicht zu eliminieren. Entsprechend gehören auch Erträge und Aufwendungen aus Kurssicherungsmaßnahmen zum normalen Geschäft.

Die Währungsumrechnung für die Einbeziehung ausländischer Unternehmen in den Konzernabschluß ist im deutschen Handelsrecht nicht geregelt. Auch international werden unterschiedliche Verfahren angewendet. Unabhängig vom angewandten Umrechnungsverfahren gilt, daß Währungskursgewinne/-verluste aus der Umrechnung von Vermögens- und Schuldenpositionen (bilanzielle Umrechnungsdifferenzen) das Ergebnis nach DVFA/SG nicht beeinflussen sollten. Wurde das ausgewiesene Konzernjahresergebnis durch Veränderungen bilanzieller Umrechnungsunterschiede gekürzt oder erhöht, so ist dieser Betrag bei der Ermittlung des Ergebnisses nach DVFA/SG zu bereinigen. Bei bilanziellen Umrechnungsdifferenzen aus Hochinflationsländern ist allerdings eine Eliminierung nur insoweit vorzunehmen, als die in der Gewinn- und Verlustrechnung des Konzerns enthaltenen Beträge keine in Hartwährung erforderlichen Wertberichtigungen ersetzen.

Wird das Jahresergebnis des Konzerns als Saldo der mit durchschnittlichen oder unterschiedlichen Kursen umgerechneten Ertrags- und Aufwandspositionen ausländischer Tochtergesellschaften ermittelt, ist für das Ergebnis nach DVFA/SG keine Korrektur erforderlich. Damit wird der international zunehmenden Bedeutung dieses Verfahrens Rechnung getragen.

Erfolgt die Umrechnung der Jahresergebnisse zu Stichtagskursen und die Umrechnung der übrigen Positionen der Gewinn- und Verlustrechnung zu Durchschnitts- bzw. historischen Kursen, sind die entstandenen Unterschiedsbeträge üblicherweise in den sonstigen betrieblichen Erträgen bzw. Aufwendungen enthalten. Bei wesentlichen Unterschiedsbeträgen ist mit dem Unternehmen über einen Ansatz zu entscheiden.

7. Proforma computation

The proforma computation has been structured in the form of a checklist to reflect the wishes of external analysts but also of the companies concerned.

DVFA/SG earnings are arrived at in the following stages:

1. Net profit/loss for the year
2. Start-up and expansion expenses
3. Fixed asset items to be adjusted
4. Current asset items to be adjusted
5. Liability items to be adjusted
6. Abnormal items not clearly attributable to stages 2 – 5 and foreign currency considerations
7. Sum of the items to be adjusted. The criterion of materiality can be applied to the group subtotals 2, 3.4, 4.3, 5.4 and 6.3 (cf. chapter A.I.2)
8. Determination of DVFA/SG earnings for the whole group by combining stages 1 and 7
9. Determination of DVFA/SG earnings excluding minority interests
10. Determination of DVFA/SG earnings per share by dividing DVFA/SG earnings excluding minority interests by the adjusted average number of shares ranking for dividends over the year
11. "Fully diluted" DVFA/SG earnings per share
12. DVFA/SG earnings per share adjusted for changes in capital

7. Arbeitsschema

Den Wünschen der externen Analyse, aber auch der Unternehmen entsprechend, wurde das Arbeitsschema im Sinne einer Checkliste gestaltet.

Die Ableitung des Ergebnisses nach DVFA/SG erfolgt in den folgenden Schritten:

1. Jahresüberschuß/-fehlbetrag
2. Ingangsetzungs- und Erweiterungsaufwendungen
3. Bereinigungspositionen im Anlagevermögen
4. Bereinigungspositionen im Umlaufvermögen
5. Bereinigungsposten in den Passiva
6. Den Positionen 2 bis 5 nicht eindeutig zuordenbare Sondereinflüsse sowie Fremd-währungseinflüsse
7. Zusammenfassung der zu berücksichtigenden Bereinigungen. Dabei kann auf die Positionen 2, 3.4, 4.3, 5.4 und 6.3 das Wesentlichkeitskriterium (vgl. Kapitel A.I.2) angewendet werden
8. Ermittlung des Ergebnisses nach DVFA/SG für das Gesamtunternehmen durch Zusammenfassung der Positionen 1 und 7
9. Ermittlung des Ergebnisses nach DVFA/SG ohne Anteile Dritter
10. Ermittlung des Ergebnisses nach DVFA/SG je Aktie durch Umrechnung des Ergebnisses nach DVFA/SG ohne Anteile Dritter auf die Anzahl der adjustierten durchschnittlich dividendenberechtigten Aktien
11. Ergebnis nach DVFA/SG je Aktie „voll verwässert"
12. Ergebnis nach DVFA/SG je Aktie adjustiert im Falle von Veränderungen des Gezeichneten Kapitals

A	B	C	D
		\- DMm/DM' 000 \-	
Serial no.	Classification of items by reference to financial statements or other sources which may contain items requiring adjustment	gross	net
1.	**Net profit/loss for the year** (before transfer of profit, less any associated tax charge)	....	....
2.	**Start-up and expansion expenses**	....	....
3.	**Fixed asset items to be adjusted**		
3.1.	**Intangible assets**		
3.1.1	Concessions, industrial property rights and similar rights		
	• Amortization	....	....
	• Write-ups	....	....
	• Changes in amortization periods/methods	....	....
	• Profits/losses on disposals	....	....
	•	....	....
3.1.2.	Goodwill		
	• Amortization	....	....
	• Changes in amortization periods/methods	....	....
	•	....	....
3.2.	**Tangible fixed assets**		
	• Depreciation	....	....
	• Write-ups	....	....
	• Changes in depreciation periods/methods	....	....
	• Profits/losses on disposals	....	....
	• Valuation of assets manufactured in-house	....	....
	• Investment grants and allowances	....	....
	•	....	....
3.3.	**Investments (financial fixed assets)**		
	• Write-downs	....	....
	• Write-ups	....	....
	• Profits/losses on disposals	....	....
	• Items requiring adjustment in distributions or earnings taken over from companies in which participating interests are held	....	....
	•	....	....
3.4.	**Subtotal 3.1. – 3.3.**	....	....

A	B	C	D
		– Mio. DM/TDM –	
Lfd. Nr. der Pos.	Bezeichnung der Position laut Jahresabschluß oder anderer Quellen, in denen bereinigungswürdige Sachverhalte enthalten sein können	brutto	netto

1.   **Jahresüberschuß/-fehlbetrag**
(gegebenenfalls vor Ergebnisabführung
abzüglich darauf anzusetzender Steuern)   ....

2.   **Ingangsetzungs- und Erweiterungsaufwendungen**   ....

3.   **Bereinigungspositionen im Anlagevermögen**

3.1.   **Immaterielle Vermögensgegenstände**

3.1.1.   Konzessionen, gewerbliche Schutzrechte u. ä.
• Abschreibungen   ....
• Zuschreibungen   ....
• Änderungen von Abschreibungsdauern/-methoden   ....
• Gewinne/Verluste aus Abgängen   ....
• ....

3.1.2.   Geschäfts- oder Firmenwert (Goodwill)
• Abschreibungen   ....
• Änderungen von Abschreibungsdauern/-methoden   ....
• ....

3.2.   **Sachanlagen**
• Abschreibungen   ....
• Zuschreibungen   ....
• Änderungen von Abschreibungsdauern/-methoden   ....
• Gewinne/Verluste aus Abgängen   ....
• Bewertung von selbsterstellten Anlagen   ....
• Investitionszulagen und -zuschüsse   ....
• ....

3.3.   **Finanzanlagen**
• Abschreibungen   ....
• Zuschreibungen   ....
• Gewinne/Verluste aus Abgängen   ....
• Bereinigungswürdige Sachverhalte
  in Ausschüttungen der übernommenen Ergebnissen
  von Beteiligungen   ....
• ....

3.4.   **Zwischensumme 3.1. bis 3.3.**   ....

A	B	C	D
Serial no.	Classification of items by reference to financial statements or other sources which may contain items requiring adjustment	– DMm/DM' 000 –	
		gross	net

4.   **Current asset items to be adjusted**

4.1.   **Inventories and work in progress**
- Valuation mark-downs
- Amounts transferred to valuation reserves
- Amounts released from valuation reserves
- Change in valuation allowance on imported goods
- Change in method of valuation and/or in "order of consumption" method
- ....

4.2.   **Receivables and debt discount**

4.2.1.   Receivables
- Write-downs
- Amounts transferred to valuation reserves
- Amounts released from valuation reserves
- Non-recurring effects of change in rate of general provision for bad debts
- ....

4.2.2.   Debt discount

4.3.   **Subtotal 4.1. and 4.2.**

5.   **Liability items to be adjusted**

5.1.   **Consolidation difference on the liabilities side of the balance sheet**
- Income from release of consolidation difference in the event of a "lucky buy"
- Other income from release of consolidation difference requiring adjustment
- ....

5.2.   **Special tax-allowable reserves**
- Amounts allocated
- Amounts released
- ....

5.3.   **Provisions and accruals**

5.3.1.   Provisions for pensions
- Change in method and/or calculation parameters
- Previous shortfalls made good

A	B	C	D
Lfd. Nr. der Pos.	Bezeichnung der Position laut Jahresabschluß oder anderer Quellen, in denen bereinigungswürdige Sachverhalte enthalten sein können	– Mio. DM/TDM – brutto	netto

4.   **Bereinigungspositionen im Umlaufvermögen**

4.1.   **Vorräte und noch nicht abgerechnete Leistungen**
- Abschreibungen ....
- Bildung von Bewertungsreserven ....
- Auflösung von Bewertungsreserven ....
- Veränderung des Importwarenabschlags ....
- Wechsel der Bewertungsmethode und/oder des Verbrauchsfolgeverfahrens ....
- ....

4.2.   **Forderungen und Disagio**

4.2.1.   Forderungen
- Abschreibungen ....
- Bildung von Bewertungsreserven ....
- Auflösung von Bewertungsreserven ....
- Einmaleffekte aus der Veränderung des Pauschalwertberichtigungssatzes ....
- ....

4.2.2.   Disagio ....

4.3.   **Zwischensumme 4.1. und 4.2.** ....

5.   **Bereinigungspositionen in den Passiva**

5.1.   **Passivischer Unterschiedsbetrag aus der Kapitalkonsolidierung**
- Erträge aus der Auflösung im Falle eines „Lucky Buy" ....
- Bereinigungswürdige übrige Erträge aus der Auflösung ....
- ....

5.2.   **Sonderposten mit Rücklageanteil**
- Zuführung ....
- Auflösung ....
- ....

5.3.   **Rückstellungen**

5.3.1.   Pensionsrückstellungen
- Methodenwechsel/Änderungen von Rechnungsparametern ....
- Nachholungen ....

A	B	C	D
Serial no.	Classification of items by reference to financial statements or other sources which may contain items requiring adjustment	– DMm/DM' 000 –	
		gross	net
	• Shortfalls in current year accrual	....	....
	• Departures from normal methods of calculation	....	....
	• Income from release of provisions	....	....
	•	....	....
5.3.2.	Other accrued liabilities		
	• Net change in provisions not allowable for tax purposes ("taxed" provisions)	....	....
	• Other parts of accruals requiring adjustment	....	....
	• Income from release of accruals	....	....
	•	....	....
5.4	**Subtotal 5.1. – 5.3.**	....	....
6.	**Abnormal items not clearly attributable to stages 2 – 5 and foreign currency considerations**		
6.1.	**Abnormal items not clearly attributable, e.g.**		
	• Expenses of company anniversary celebrations	....	....
	• Income from financial restructuring measures	....	....
	• Expenses of initial stock market flotation	....	....
	• Tax refunds or back-payments	....	....
	• Expenses of exceptional damage losses	....	....
	•	....	....
6.2.	**Foreign currency considerations**		
	• Translation difference from balance sheet	....	....
	• Translation difference from P&L	....	....
6.3.	**Subtotal 6.1. and 6.2.**	....	....
7.	**Sum of the adjustments to be made (nos. 2 + 3.4 + 4.3 + 5.4 + 6.3)**	....	....
8.	**DVFA/SG earnings (group) (nos. 1 + 7)**	....	....
8.1.	Share of earnings attributable to minority interests	....	....
9.	**DVFA/SG earnings (excluding minority interests)**	....	....
9.1.	Adjusted average number of shares ranking for dividends over the year (see chapter D.1)	....	....
10.	**DVFA/SG earnings per share (DM)**	....	....

A	B	C	D
Lfd. Nr. der Pos.	Bezeichnung der Position laut Jahresabschluß oder anderer Quellen, in denen bereinigungswürdige Sachverhalte enthalten sein können	– Mio. DM/TDM – brutto	netto

	• Unterlassene Dotierungen	....	....
	• Abweichungen von den üblichen Ermittlungsmethoden	....	....
	• Erträge aus der Auflösung	....	....
	•	....	....
5.3.2.	Sonstige Rückstellungen		
	• Nettoveränderung versteuerter Rückstellungen	....	....
	• Bereinigungswürdige Teile der übrigen „Sonstigen Rückstellungen"	....	....
	• Erträge aus der Auflösung	....	....
	•	....	....
5.4.	**Zwischensumme 5.1. bis 5.3.**	....	....
6.	**Den Positionen 2 bis 5 nicht eindeutig zuordenbare Sondereinflüsse sowie Fremdwährungseinflüsse**		
6.1.	**Nicht eindeutig zuordenbare Sondereinflüsse, z. B.**		
	• Aufwendungen für Firmenjubiläen	....	....
	• Erträge aus Sanierungsmaßnahmen	....	....
	• Aufwendungen aus der erstmaligen Börseneinführung	....	....
	• Steuererstattungen oder -nachzahlungen	....	....
	• Aufwendungen für außergewöhnliche Schadensfälle	....	....
	•	....	....
6.2.	**Fremdwährungseinflüsse**		
	• Umrechnungsdifferenz aus der Bilanz	....	....
	• Umrechnungsdifferenz aus der GuV	....	....
6.3.	**Zwischensumme 6.1. und 6.2.**	....	....
7.	**Summe der zu berücksichtigenden Korrekturen (Pos. 2 + 3.4 + 4.3 + 5.4 + 6.3)**	....	....
8.	**Ergebnis nach DVFA/SG (Gesamtunternehmen) (Pos. 1 + Pos. 7)**	....	....
8.1.	Ergebnisanteile Dritter	....	....
9.	**Ergebnis nach DVFA/SG (ohne Anteile Dritter)**	....	....
9.1.	Anzahl der für das Geschäftsjahr adjustierten durchschnittlich dividendenberechtigten Aktien (s. Kapitel D.1)	....	....
10.	**Ergebnis nach DVFA/SG je Aktie** (DM)	....	....

A	B		C	D
Serial no.	Classification of items by reference to financial statements or other sources which may contain items requiring adjustment		– DMm/DM' 000 –	
			gross	net
11.	**DVFA/SG earnings per share adjusted for changes in capital *)**	**(DM)**	....	....
12.	**"Fully diluted" DVFA/SG earnings per share (cf. chapter D.3)**	**(DM)**	....	....

Key to the columns

A: Serial number

B: Classification of item by reference to the financial statements or other sources, or as proposed by DVFA/SG

C: The relevant income or expense item is entered in this column gross, i.e. before tax. If an income item is not taxable – even after taking deferred taxation into account – then the gross amount is the same as the net amount and can be entered in column D as well. Similarly, an expense item which is not tax-deductible can also be entered straight into column D.

D: This column is for the net figures after applying the appropriate tax rates to the gross amounts. The net profit rates applicable to companies subject to tax only in the Federal Republic of Germany are those shown in chapter C, calculated after allowing for corporation tax and municipal trade tax on income based on an average municipal factor. The net profit rates applicable to companies subject to tax only in Berlin are also shown in chapter C. The financial statements of German companies have to be adjusted solely on the basis of the net profit rates shown in chapter C and not the rates applicable to the companies themselves.

The tax rates to be used for items adjusted from the financial statements of foreign companies must normally be those specific to the country concerned (cf. also section A.I.4.2.2).

Using the notional tax or net profit rate based on retained profits assumes that the profit before extraordinary items at least covers the amount distributed.

---

*) DVFA/SG earnings for the year have to be adjusted only if the capital has changed since the balance sheet date (cf. chapter D.2).

A	B	C	D
Lfd. Nr. der Pos.	Bezeichnung der Position laut Jahresabschluß oder anderer Quellen, in denen bereinigungswürdige Sachverhalte enthalten sein können	– Mio. DM/TDM – brutto	 netto
11.	**Adjustiertes Ergebnis nach DVFA/SG je Aktie aus Anlaß** **von Veränderungen des Gezeichneten Kapitals*)** **(DM)**	....	....
12.	**Ergebnis nach DVFA/SG je Aktie „voll verwässert"** **(vgl. Kapitel D.3)** **(DM)**	....	....

Erläuterung der Spalten

A: Laufende Bezifferung

B: Bezeichnung der Position laut Jahresabschluß oder anderer Quellen bzw. in der von DFVA/SG vorgeschlagenen Weise

C: Hier ist die jeweils bezeichnete Ertrags- oder Aufwandsposition mit ihrem Bruttobetrag, d.h. vor Ertragsteuern, einzusetzen. Hat ein Ertrag – auch unter Berücksichtigung latenter Steuern – keine steuerlichen Wirkungen ausgelöst, so ist der Bruttobetrag gleich dem Nettobetrag und demnach gleich in Spalte D einzusetzen. In gleicher Weise ist ein Aufwand, der keine steuermindernde Wirkung hat, ebenfalls in Spalte D einzusetzen.

D: Hier sind die aus den Bruttobeträgen unter Anwendung der entsprechenden Steuersätze ermittelten Nettobeträge einzusetzen. Für Unternehmen, die nur im Bundesgebiet steuerpflichtig sind, gelten die unter Berücksichtigung der Körperschaftsteuer und der Gewerbeertragsteuer auf Basis eines durchschnittlichen Hebesatzes ermittelten und in Kapitel C aufgeführten Nettogewinnsätze. Für Unternehmen, die nur in Berlin steuerpflichtig sind, ergeben sich die entsprechenden Nettogewinnsätze ebenfalls aus Kapitel C.
Bei der Bereinigung inländischer Abschlüsse sind ausschließlich die in Kapitel C aufgeführten Nettogewinnsätze und nicht die unternehmensindividuellen Sätze anzuwenden.
Auf die aus ausländischen Abschlüssen stammenden Bereinigungspositionen sind grundsätzlich länderspezifische Steuersätze anzuwenden (vgl. auch Abschnitt A.I.4.2.2.).
Die Anwendung des kalkulatorischen Steuer- bzw. Nettogewinnsatzes auf Basis der Gewinnthesaurierung setzt voraus, daß der erzielte ordentliche Gewinn zumindest den Ausschüttungsbetrag deckt.

---

*) Eine Adjustierung des DVFA/SG-Ergebnisses des Berichtsjahres ist nur dann vorzunehmen, wenn nach dem Bilanzstichtag eine Kapitalveränderung stattgefunden hat (vgl. Kapitel D.2).

8. Computation of earnings of a "Kommanditgesellschaft auf Aktien" (KGaA)

Generally speaking the proforma computation for calculating DVFA/SG earnings applies equally to business enterprises in the legal form of a "Kommanditgesellschaft auf Aktien" (limited partnerships with a share capital). The earnings per share figure is calculated by reference to the shares issued.

The method of calculation has to be modified slightly in cases where the partners with unlimited personal liability ('general' partners known as "Komplementäre") have contributed to the capital and are therefore entitled to share in profits. In such cases the calculation has to allow for the fact that these partners have to pay tax on their share of profits as individuals, regardless of the tax rates applicable to the partnership. In order to make the earnings figure as comparable as possible the share of profit attributable to the general partners should be charged to tax at the same proportional notional rate of tax. The net profit modified in this way forms the basis for calculating DVFA/SG earnings and, by reference to the total capital (subscribed capital + comparable fixed capital of the general partners), for earnings per share.

An outside third party, however, can only make an exact quantification of the effect of tax if the charges for net assets tax and corporation tax payable on the shares of profit attributable to the limited partners ("Kommanditisten") are disclosed. Since these are not shown separately in the financial statements (net assets tax is included in "other taxes", corporation tax in "taxes on income"), analysts have to rely on this information being provided by the partnership.

We recommend the following step-by-step procedure for the calculation:

	Consolidated profit for the year incl. profit shares of general partners
–	notional tax charge on general partners' profit (1)
=	consolidated net profit after notional tax deduction
+/–	items to be adjusted (net) (2)
=	DVFA/SG earnings (group)
–	share of earnings attributable to minority interests
=	DVFA/SG earnings excluding minority interests
:	adjusted average number of shares ranking for dividends over the year (see chapter D.1)(3)
=	earnings per share (comparable)

8. Ergebnisermittlung bei der Kommanditgesellschaft auf Aktien (KGaA)

Das Arbeitsschema für die Ermittlung des Ergebnisses nach DVFA/SG gilt grundsätzlich auch für Unternehmen in der Rechtsform einer Kommanditgesellschaft auf Aktien (KGaA). Das Ergebnis je Aktie berechnet sich auf der Basis der ausgegebenen Kommanditaktien.

Eine leicht modifizierte Berechnungsweise ergibt sich bei den Fällen, bei denen die persönlich haftenden Gesellschafter (Komplementäre) Kapitaleinlagen geleistet haben und somit gewinnberechtigt sind. Es gilt dann zu berücksichtigen, daß die Komplementäre ihren Gewinnanteil – unabhängig von den für das Unternehmen geltenden Steuersätzen – individuell zu versteuern haben. Um der Zielsetzung eines vergleichbaren Ergebnisses möglichst nahe zu kommen, sollte der den Komplementären zustehende Gewinnanteil mit einer anteilmäßig gleich hohen fiktiven Steuer belastet werden. Der so modifizierte Nettogewinn bildet die Berechnungsbasis für das Ergebnis nach DVFA/SG und – bezogen auf das Gesamtkapital (Gezeichnetes Kapital + vergleichbares Festkapital der Komplementäre) – für das Ergebnis je Aktie.

Für den Externen ist allerdings eine exakte Quantifizierung des Steuereffekts nur möglich, wenn der Aufwand für die Vermögensteuer und Körperschaftsteuer, der auf die Gewinnanteile der Kommanditisten entfällt, bekannt ist. Da diese Positionen im Jahresabschluß nicht separat auszuweisen sind (Vermögensteuer ist in Position „Sonstige Steuern", Körperschaftsteuer in „Steuern vom Einkommen und vom Ertrag" enthalten), ist der Analyst auf die Hilfestellung des Unternehmens angewiesen.

Im einzelnen schlagen wir für die Berechnung folgendes Vorgehen vor:

	Konzern-Jahresüberschuß inkl. Gewinnanteile der Komplementäre
–	Fiktiver Steueraufwand auf Komplementärgewinn (1)
=	Konzern-Jahresüberschuß nach fiktivem Steuerabzug
+/–	Bereinigungspositionen (netto) (2)
=	Ergebnis nach DVFA/SG (Gesamtunternehmen)
–	Ergebnisanteile Dritter
=	Ergebnis nach DVFA/SG ohne Anteile Dritter
:	Anzahl der für das Geschäftsjahr adjustierten durchschnittlich dividendenberechtigten Kapitalanteile (s. Kapitel D.1)(3)
=	Ergebnis je Aktie (vergleichbar)

(1) The notional tax charge on the general partners' share of profit is calculated by the following formula:

$$\frac{\text{notional}}{\text{tax charge}} = \frac{\text{general partners' share}}{\text{of \textbf{pre-tax} earnings}} \cdot \frac{\text{corporation tax + net assets tax}}{\text{limited partners' share of earnings}}$$
before corporation tax and net assets-tax

(2) The adjusting items have to be adjusted net of tax without limitation at the income tax rates used for DVFA/SG purpose (see chapter C).

(3) Based on the fiction that the general partners are equated to shareholders, the total nominal capital (subscribed capital + comparable fixed capital of the general partners) forms the basis for the calculation.

(1) Der fiktive Steueraufwand auf den Gewinnanteil der Komplementäre ermittelt sich nach der Formel:

$$\begin{array}{l} \text{fiktiver} \\ \text{Steueraufwand} \end{array} = \begin{array}{l} \text{anteiliges Bruttoergebnis} \\ \text{der Komplementäre} \end{array} \cdot \frac{\text{Körperschaftsteuer + Vermögensteuer}}{\begin{array}{c} \text{anteiliges Ergebnis der Kommanditisten} \\ \text{vor Körperschaftsteuer und Vermögensteuer} \end{array}}$$

(2) Die Bereinigungspositionen sind uneingeschränkt mit den Ertragsteuersätzen nach DVFA/SG (vgl. Kapitel C) um ihre steuerliche Auswirkung zu bereinigen.

(3) Unter der Fiktion, daß die Komplementäre den Aktionären gleichzusetzen sind, bildet damit das gesamte Nominalkapital (Gezeichnetes Kapital + vergleichbares Festkapital der Komplementäre) die Berechnungsbasis.

II.

Besonderheiten bei Banken

Features peculiar to banks

1. Introduction

The DVFA/SG earnings recommendations are aimed primarily at adjusting the earnings of industrial and trading companies to make them comparable. The formula does not cater for the special characteristics of banking business nor for the accounting regulations applicable specifically to banks (such as application of the net principle to bad debt provisions). To compute the earnings of banks on a comparable basis, therefore, the ordinary DVFA/SG formula has to be expanded to include items specific to the banking industry.

The joint recommendation drawn up by the DVFA and the Association of German Banks consists for the most part of regulations applicable to the banking industry only. In other respects the general DVFA/SG recommendations apply.

1. Vorbemerkung

Die Empfehlungen zum Ergebnis je Aktie nach DVFA/SG dienen primär der Ermittlung eines vergleichbaren bereinigten Ergebnisses von Industrie- und Handelsunternehmen. Die spezifischen Eigenarten des Bankgeschäftes und die Besonderheiten in den Rechnungslegungsvorschriften der Kreditinstitute (z.B. die Anwendung des Nettoprinzips in der Position Risikovorsorge) werden damit nicht abgedeckt. Zur Ermittlung eines vergleichbaren Ergebnisses bei Banken bedarf es daher branchenspezifischer Erweiterungen des allgemeinen DVFA/SG-Schemas.

Die gemeinsam von der DVFA und dem Bundesverband deutscher Banken erarbeitete Empfehlung enthält weitgehend die nur für diese Branche relevanten Regelungen.* Ergänzend finden die allgemeinen Empfehlungen nach DVFA/SG Anwendung.

---

* **Mitglieder des DVFA-Arbeitskreises „DVFA-Schema für Banken"**
Members of the DVFA working group "DVFA formula for banks"
Jürgen Ackermann, DB Research GmbH
Horst Hartung, Dresdner International Research Institute GmbH
Stephan Paul, Lehrstuhl Prof. Süchting, Ruhr-Universität Bochum
Johannes Ries, Commerzbank AG
Christine Winkler, Bayerische Hypotheken- und Wechsel-Bank AG
Uwe Zeidler, Westdeutsche Kapitalanlage GmbH

Mitglieder des Arbeitskreises „Bilanzierung" im Bundesverband deutscher Banken
Members of the working group "Financial Accounts" of the Association of German Banks
Dr. Yvette Bellavite-Hövermann, Deutsche Bank AG
Heinz Behrendsen, Commerzbank AG
Wolfgang Kolb, Dresdner Bank AG
Jürgen Rauscher, IKB Deutsche Industriebank AG
Dr. Wolfgang Sprißler, Bayerische Vereinsbank AG
Dr. Jan Szantyr, Bayerische Hypotheken- und Wechsel-Bank AG

2. Components of the proforma computation

The starting point for the calculation – as in the standard DVFA/SG formula – is the net profit for the year, adjusted for exceptional circumstances and items resulting from the exercise of accounting options.

2.1 Exceptional items shown below operating earnings

Exceptional items shown below full operating earnings and above the net profit for the year before tax have to be adjusted. This applies, for example, to changes in special tax-allowable reserves and material items of income from the sale of investments. Losses taken over, however, do not have to be adjusted if they are of an ordinary nature.

2.2 Fund for general banking risks

The fund for general banking risks (§ 340 g of the German Commercial Code) was created to implement the EC Banking Directive as an alternative to hidden reserves. It is not recognized for tax purposes and forms part of the "own funds" of banks. Amounts taken to and released from § 340 g reserves therefore have to be adjusted accordingly.

2.3 Risk provisioning in the year under review

DVFA earnings of banks should include only the risk provisioning measures which are necessary for the financial year under review. It is the responsibility of each individual bank to determine how much provisioning is regarded as necessary. Valuation reserves not recognized for tax purposes which are set up for general banking risks (§ 340 f HGB) are part of "own funds". Amounts transferred to and released from such reserves have to be adjusted (in the same way as § 340 g reserves) if they have a material effect on earnings.

2.4 Profits and losses on liquidity holdings

Profits and losses on the disposal of securities in the liquidity portfolio are usually treated as ordinary earnings. Sales of major shareholdings (large blocks of shares in public or private limited companies) are an exception to this if they have been in the hands of a bank for a relatively long time and the profits or losses made on their disposal have a material influence on the earnings of the bank. Profits and losses on the disposal of shares included in the liquidity portfolio which amount to at least 10% of the capital of the company concerned have to be excluded. The same applies to profits or losses on disposals of smaller blocks of shares which, in total, have a material effect on earnings.

The situation is different where shareholdings or entire companies are sold which were acquired with the sole intention of reselling them or floating them on the stock market.

2. Die Komponenten des Ermittlungsschemas

Ausgangsbasis der Berechnung ist – wie im allgemeinen DVFA/SG-Schema – der Jahresüberschuß, der um ungewöhnliche und dispositionsbedingte Sachverhalte bereinigt wird.

2.1 Ungewöhnliche Positionen unterhalb des Betriebsergebnisses

Positionen zwischen Betriebsergebnis und Jahresüberschuß vor Steuern sind, soweit ungewöhnlich, zu bereinigen. Dies gilt z. B. für Veränderungen von Sonderposten mit Rücklageanteil sowie wesentliche Erträge aus dem Verkauf von Finanzanlagen. Nicht bereinigungswürdig sind allerdings Aufwendungen aus Verlustübernahmen, soweit sie ordentlichen Charakter haben.

2.2 Fonds für allgemeine Bankrisiken

Der Fonds für allgemeine Bankrisiken (§ 340g HGB) wurde mit der Umsetzung der EG-Bankbilanzrichtlinie als Alternative zur stillen Reservebildung geschaffen. Er stellt steuerlich nicht anerkannte Vorsorge dar und hat Eigenkapitalcharakter. Zuführungen und Auflösungen von § 340g HGB-Reserven sind somit zu bereinigen.

2.3 Risikovorsorge des Geschäftsjahres

In das DVFA-Ergebnis von Banken sollte nur die notwendige Risikovorsorge des Geschäftsjahres eingehen. Die Bestimmung des als notwendig erachteten Betrags obliegt dem jeweiligen Kreditinstitut. Steuerlich nicht anerkannte Bewertungsreserven, die für allgemeine Bankrisiken gebildet werden (§ 340f HGB), haben Eigenkapitalcharakter. Deren Bildung und Auflösung sind (analog der Behandlung von § 340g HGB-Reserven) zu bereinigen, sofern sie einen wesentlichen Einfluß auf das Ergebnis haben.

2.4 Gewinne und Verluste aus dem Liquiditätsbestand

Gewinne und Verluste aus der Veräußerung von Wertpapieren des Liquiditätsbestandes sind in der Regel Bestandteile des ordentlichen Ergebnisses. Ausnahmen bilden Verkäufe von Anteilen (z.B. größere Aktienpakete oder GmbH-Anteile), die sich bereits länger im Besitz einer Bank befinden und deren Veräußerungsgewinne/-verluste einen wesentlichen Einfluß auf das Ergebnis der Bank haben. Zu bereinigen sind Gewinne und Verluste aus der Veräußerung von im Liquiditätsbestand verbuchten Anteilen, die mindestens 10% des jeweiligen Gesellschaftskapitals betragen. Gleiches gilt für Veräußerungsgewinne oder -verluste aus kleineren Aktienpaketen, wenn sie in der Summe einen wesentlichen Ergebniseinfluß haben.

Anders zu beurteilen ist der Verkauf von ganzen Unternehmen oder Anteilen daran, die ausschließlich mit der Absicht der Weiterveräußerung bzw. der Börseneinführung in den

Profits or losses realized on such transactions from merely putting through large blocks of shares have to be treated as ordinary earnings.

2.5 Income and expenses on real property

Although investments in real estate are generally long-term in nature, the sheer volume of such assets under management frequently means that transactions occur quite regularly. The income and expenses resulting from such transactions are therefore not exceptional items. Adjustments should only be made for exceptional and rare transactions, for example on disposal of real property used by the bank itself. The long-term 'permanent' level of profits or losses from the sale of branch or other bank buildings should not, however, be adjusted.

2.6 Depreciation of tangible fixed assets

The same rules can be adopted here as for the DVFA/SG computation. Scheduled depreciation charges in accordance with company law are an ordinary expense. Unscheduled depreciation charges do not normally result from the exercise of accounting options but reflect a permanent diminution in value of the assets concerned. They should only be adjusted where the diminution in value results from exceptional circumstances. Special tax-allowable depreciation, where material, has also to be adjusted. This does not apply to the leasing industry, however, where the inclusion of tax-allowable depreciation options in the calculation of costs is normal business practice.

2.7 Earnings contributions from other financial activities

Contributions to earnings by other financial activities, especially insurance, are becoming increasingly important in the group results of banks. In order to facilitate comparability between "bankassurance" groups, income and expenses from the insurance side included in the results of banks should be adjusted in accordance with the DVFA formula for insurance companies. Agency commission income for other financial services should not, of course, be adjusted.

Bestand genommen wurden. Die hierbei erzielten positiven oder negativen Ergebnisse aus dem reinen Durchhandeln von Aktienpaketen sind als ordentlich zu betrachten.

2.5 Erträge und Aufwendungen aus dem Immobiliensektor

Die Anlage in Grundvermögen hat zwar grundsätzlich langfristigen Charakter, angesichts der Höhe des verwalteten Vermögens finden jedoch in vielen Fällen regelmäßige Transaktionen statt. Die daraus resultierenden Aufwendungen und Erträge stellen demzufolge keine ungewöhnlichen Geschäftsvorfälle dar. Bereinigt werden sollten lediglich ungewöhnliche und seltene Transaktionen. Dies ist grundsätzlich bei der Veräußerung von selbstgenutzten Immobilien anzunehmen. Der langjährige „Bodensatz" aus dem Verkauf von Filial- oder anderen Bankgebäuden ist jedoch nicht zu bereinigen.

2.6 Abschreibungen auf Sachanlagen

Hier können die Grundsätze des DVFA/SG-Schemas übernommen werden: Planmäßige handelsrechtliche Abschreibungen sind ordentlicher Aufwand. Außerplanmäßige Abschreibungen sind i.d.R. nicht dispositionsbedingt, sondern spiegeln eine nachhaltige Wertminderung der betreffenden Aktiva wider. Eine Bereinigung ist nur zu empfehlen, sofern der Wertminderung ungewöhnliche Vorgänge zugrunde liegen. Auch steuerrechtliche Sonderabschreibungen sind, soweit wesentlich, zu bereinigen. Dies gilt jedoch nicht für den Leasing-Bereich, bei dem die Einbeziehung von steuerrechtlichen Abschreibungsmöglichkeiten in die Kalkulation normales Geschäftsgebaren darstellt.

2.7 Ergebnisbeiträge aus dem Allfinanzgeschäft

Die Ergebnisbeiträge aus dem Allfinanzgeschäft, insbesondere aus dem Versicherungsbereich, gewinnen immer mehr an Bedeutung für die Konzernergebnisse der Banken. Um die Vergleichbarkeit von Allfinanzgruppen zu ermöglichen, sollten die in die GuV einfließenden Erträge/Aufwendungen aus dem Versicherungsgeschäft nach dem DVFA-Schema für Versicherungen behandelt werden. Selbstverständlich sind Vermittlungsprovisionen für Allfinanzprodukte nicht zu bereinigen.

3. Proforma computation

Serial no.	Description of item		DMm	
			gross	net
1.	**Net profit/loss for the year** (before transfer of profit, less any associated tax charge)		....	....
2.	Adjustment of exceptional items shown between full operating earnings and net profit for the year before tax		....	....
= 3. (1 ± 2)	Subtotal		....	....
4.	Reinstatement or release of § 340 g reserves not included in 2 above		....	....
5.	Adjustments to risk provisioning in lending business (including § 340 f reserves)		....	....
6.	Profits and losses on disposals of securities included in liquidity ratio (in certain circumstances)		....	....
7.	Profits and losses on real property (in certain circumstances)		....	....
8.	Exceptional depreciation charges on tangible fixed assets		....	....
9. (4 ± 5 ± 6 ± 7 ± 8)	Sum of items specific to banking business to be adjusted		....	....
10.	Adjustments under DVFA/GDV formula for insurance companies		....	....
11.	Items to be adjusted according to the DVFA/SG formula not yet taken into account		....	....
12. (3 ± 9 ± 10 ± 11)	**DVFA earnings of banks**		....	....
12.1.	Share of earnings attributable to minority interests		....	....
13. (12 ± 12.1)	**Earnings excluding minority interests**		....	....
13.1.	Adjusted number of shares ranking for dividends on average over the year (cf. chapter D.1)		....	....
14. (13 / 13.1)	**DVFA earnings per share**	(DM)	....	....
15.	**DVFA earnings per share** adjusted for changes in capital *	(DM)	....	....
16.	**"Fully diluted" DVFA earnings per share**	(DM)	....	....

*) DVFA earnings for the year have to be adjusted only if the capital has changed since the balance sheet date (cf. chapter D.2).

3. Arbeitsschema

Lfd. Nr. der Pos.	Bezeichnung der Position	Mio. DM	
		brutto	netto
1.	**Jahresüberschuß / -fehlbetrag** (gegebenenfalls vor Ergebnisabführung abzüglich darauf anzusetzender Steuern)	....	....
2.	Bereinigung ungewöhnlicher Positionen zwischen Betriebsergebnis und Jahresüberschuß vor Steuern	....	....
= 3. (1 ± 2)	**Zwischensumme**	....	....
4.	Legung bzw. Auflösung von Reserven nach § 340g HGB, soweit nicht unter 2. berücksichtigt	....	....
5.	Bereinigungen der Risikovorsorge im Kreditgeschäft (einschließlich § 340f-Reserven)	....	....
6.	Gewinne / Verluste aus der Veräußerung von Wertpapieren des Liquiditätsbestands (unter bestimmten Voraussetzungen)	....	....
7.	Gewinne / Verluste aus Immobilienverkäufen (unter bestimmten Voraussetzungen)	....	....
8.	Ungewöhnliche Sachanlageabschreibungen	....	....
9. (4 ± 5 ± 6 ± 7 ± 8)	Summe der bankspezifischen Bereinigungspositionen	....	....
10.	Bereinigungspositionen nach DVFA/GDV-Schema für Versicherungen	....	....
11.	Bereinigungspositionen nach DVFA/SG-Schema, soweit noch nicht berücksichtigt	....	....
12. (3 ± 9 ± 10 ± 11)	**Ergebnis nach DVFA / Banken**	....	....
12.1.	Ergebnisanteile Dritter	....	....
13. (12 ± 12.1)	**Ergebnis nach Anteilen Dritter**	....	....
13.1.	Anzahl der adjustierten durchschnittlich dividendenberechtigten Aktien (s. Kapitel D.1)	....	....
14. (13 / 13.1)	**Ergebnis nach DVFA je Aktie** (DM)	....	....
15.	**Adjustiertes Ergebnis nach DVFA je Aktie aus Anlaß von Veränderungen des Gezeichneten Kapitals*** (DM)	....	....
16.	**Ergebnis nach DVFA je Aktie „voll verwässert"(DM)**	....	....

*) Eine Adjustierung des DVFA-Ergebnisses des Berichtsjahres ist nur dann vorzunehmen, wenn nach dem
Bilanzstichtag eine Kapitalveränderung stattgefunden hat (vgl. Kapitel D.2).

III.

Besonderheiten
bei Versicherungsunternehmen

Features peculiar to
insurance companies

Introduction

Insurance companies – compared with industrial and trading companies – have numerous special characteristics in relation to the nature of their operations and therefore also to their accounting and valuation regulations. This means that the joint recommendation for the computation of DVFA/SG earnings per share designed for industrial and trading companies cannot be adopted for insurance companies without modification. The joint recommendation drawn up by the DVFA and the German Insurance Association (Gesamtverband der Deutschen Versicherungswirtschaft = GDV) for computing the earnings per share of insurance companies therefore includes specific rules applicable for the most part only to the insurance industry. In other respects the general DVFA/SG recommendations currently in force have to be applied.

The price payable for insurance cover – the insurance premium – always has to be paid in advance. In return for this the policyholder acquires an intangible asset: financial "security". Any payment by the insurance company under the terms of the policy, e.g. when a claim is made or when the policy matures, is generally made at a date after the premium has been paid. Insurance companies invest the portion of premiums not yet required so as to generate income. This cursory portrayal of the situation makes clear that the underwriting and investment management sides of the business are inseparable. The two together make up the normal business operations of an insurance company.

The close relationship of these two activities is reflected in the balance sheet. Reserves have to be set up for underwriting commitments not yet settled at the balance sheet date. These are funded by investments on the other side of the balance sheet. The investments and underwriting reserves are the most important asset and liability headings in an insurance company's balance sheet.

A DVFA working group set up at the beginning of 1992 has formulated, together with representatives of the insurance industry, a joint recommendation which takes the special characteristics of the industry into account. This was based firstly on the recommendation of the German Insurance Association (GDV) first published in 1975 and revised several times since. The general DVFA/SG recommendations have also been incorporated as far as possible. The new formula was adopted and published in July 1993. Since then a large number of important quoted insurance companies have been publishing an earnings per share figure on the DVFA/GDV basis.

The text of the present recommendation is currently being revised. In the first place the scope for discretionary interpretation of the DVFA/SG formula has been reduced. Secondly there have been important changes in the legal position following adoption of the Insurance Accounting Directive Law (VersRiLiG) on June 24, 1994, and of the Government Order on the external accounting requirements of insurance enterprises (RechVersV) on November 8, 1994. The DVFA and GDV started to review the possible repercussions on the computation of earnings as soon as the new regulations came into force.

Vorbemerkung

Versicherungsunternehmen weisen verglichen mit Industrie- und Handelsunternehmen zahlreiche Besonderheiten auf, die sich auf die Tätigkeit und damit auch auf die Bilanzierungs- und Bewertungsvorschriften beziehen. Dies bedingt, daß die gemeinsame Empfehlung zur Ermittlung von Ergebnissen je Aktie nach DVFA/SG, wie sie für Industrie- und Handelsunternehmen entwickelt wurde, nicht ohne weiteres auf Versicherungsunternehmen übertragen werden kann. Die von DVFA und GDV (Gesamtverband der Deutschen Versicherungswirtschaft) entwickelte gemeinsame Empfehlung zur Ermittlung des Ergebnisses je Aktie bei Versicherungsunternehmen enthält demfolgend spezifische, überwiegend nur für diese Branche geltende Regelungen. Ergänzend sind die aktuellen allgemeinen Empfehlungen von DVFA/SG anzuwenden.

Der Preis für den Versicherungsschutz, der Versicherungsbeitrag, ist stets im voraus zu entrichten. Der Versicherungsnehmer erwirbt gegen dieses Entgelt das immaterielle Gut finanzielle „Sicherheit". Die Leistung des Versicherungsunternehmens, etwa im Schadenfall oder bei Ablauf der Versicherung, liegt zeitlich regelmäßig später als die Beitragszahlung. Die Versicherungsunternehmen investieren den noch nicht benötigten Teil der Beiträge ertragbringend. Diese kursorische Darstellung macht deutlich, daß Versicherungsbetrieb und Verwaltung von Kapitalanlagen untrennbar miteinander verbunden sind. Beide zusammen bilden die gewöhnliche Geschäftstätigkeit eines Versicherungsunternehmens.

Die enge Zusammengehörigkeit beider Tätigkeiten findet ihren Niederschlag in der Bilanzierung. Für geschuldete Versicherungsleistungen, die am Bilanzstichtag noch nicht erbracht sind, sind Rückstellungen zu bilden. Diesen stehen die Kapitalanlagen gegenüber. Kapitalanlagen und versicherungstechnische Rückstellungen sind die bedeutendsten Aktiv- und Passivposten einer Versicherungsbilanz.

Ein seit Anfang 1992 tätiger Arbeitskreis der DVFA hat in Zusammenarbeit mit Vertretern der Versicherungswirtschaft eine gemeinsame Empfehlung formuliert, die den branchenspezifischen Besonderheiten Rechnung trägt.* Als Ausgangsbasis diente einerseits die 1975 erstmals formulierte und seitdem mehrfach überarbeitete Empfehlung des Gesamtverbandes der Deutschen Versicherungswirtschaft (GDV). Andererseits wurden die allgemeinen Empfehlungen nach DVFA/SG so weit wie möglich berücksichtigt. Das neue Schema wurde im Juli 1993 verabschiedet und publiziert. Seitdem nennt eine ganze Reihe bedeutender Versicherungs-Aktiengesellschaften ein Ergebnis je Aktie nach DVFA/GDV.

Die aktuelle Empfehlung wird zur Zeit inhaltlich überprüft. Zum einen haben sich im DVFA/SG-Schema enthaltene Auslegungsspielräume verringert. Zum anderen haben sich mit der Verabschiedung des Versicherungsbilanzrichtlinie-Gesetzes (VersRiLiG) vom 24. Juni 1994 und der Verordnung über die Rechnungslegung von Versicherungsunternehmen (RechVersV) vom 8. November 1994 wesentliche Rechtsgrundlagen ver-

At the time when this volume is going to print, however, the existing formula remains in force unchanged because the new regulations do not apply until the first financial year beginning after December 31, 1994. A revised version will therefore be required for the next accounting season (in 1996).

For various reasons publication of the enlarged new edition of this volume could not be delayed any further. The DVFA/GDV recommendation for the earnings per share of insurance companies is therefore enclosed as a separate insert on the understanding that it will soon be replaced by a new edition which can be inserted in its place.

ändert. DVFA und GDV haben unmittelbar nach Inkrafttreten der neuen Vorschriften damit begonnen, mögliche materielle Konsequenzen für die Ergebnisermittlung zu untersuchen.

Zur Drucklegung des vorliegenden Buches hat das bisherige Schema jedoch uneingeschränkt Gültigkeit, da die neuen Vorschriften erst für die Geschäftsjahre anzuwenden sind, die nach dem 31. Dezember 1994 beginnen. Bis zur nächsten Bilanzsaison (1996) ist deshalb eine überarbeitete Fassung notwendig.

Aus diversen Gründen war eine nochmalige Verschiebung der erweiterten Neuauflage dieses Buches nicht möglich. Die Empfehlung zum Ergebnis je Aktie bei Versicherungsunternehmen nach DVFA/GDV wird deshalb unter dem Vorbehalt einer baldigen Neuauflage als separate Anlage beigefügt, die nach Aktualisierung ausgetauscht werden kann.

* **Mitglieder des Arbeitskreises „DVFA-Schema für Versicherungen"**
  Members of the working group "DVFA formula for insurance companies"
  <u>Vertreter der DFVA</u>
  <u>Representatives of the DVFA</u>
  Harald Bachmaier, Allfonds Gesellschaft für Investmentanlagen mbH
  Norbert Barth, Société Générale
  Olaf Conrad, Morgan Stanley
  Annelies Dibbern, M.M. Warburg Bank
  Michael Drepper, DB Research GmbH
  Roswitha Dröber, Bayerische Landesbank
  Stefan Ermisch, Trinkaus Capital Management GmbH
  Werner Friedmann, Bank Julius Bär (Deutschland) AG
  Falk Frey, BHF-Trust
  Dieter Hein, BHF-Bank
  Josef Hohmann
  Dr. Georg Kanders, WestLB Capital Management GmbH
  Annette Müller, DG Bank
  Patricia Novak, Commerzbank AG
  Jürgen Pöllmann, Bayerische Vereinsbank AG
  Volker Riehm, Bayerische Hypotheken- und Wechsel-Bank AG
  Harald Wölfle, Mees Pierson N.V., Frankfurt
  Sylvia Wurl-Aydilek, Dresdner International Research Institute GmbH

  <u>Vertreter der Versicherungswirtschaft</u>
  <u>Representatives of the insurance industry</u>
  Ernst Brinker, Vereinte Versicherung AG
  Bernhard Kluge, Nürnberger Versicherungsgruppe
  Karsten Kronberg, Allianz Versicherungs AG
  Dr. Elke König, Münchener Rückversicherungs-Gesellschaft AG
  Bruno Kurze, Hannover Rückversicherungs AG
  Christa Remmler, DBV Holding AG
  Jürgen F. Schmidt, Nürnberger Versicherungsgruppe
  Jutta Stöcker, Colonia Konzern AG
  Dr. Hans-Joachim Welzel, Gesamtverband der Deutschen Versicherungswirtschaft e.V.

IV.

Besonderheiten bei Unternehmensbeteiligungsgesellschaften (UBG)

Features peculiar to development capital companies

1. Introduction

The standard DVFA/SG computation of earnings has to be modified for a development capital company (DCC) because the characteristics of a group – such as unified management control, professionally audited consolidated financial statements, and all the rights and duties regarding disclosure of information – are missing. The parent company of a group can exercise a direct influence on companies in the group through its shareholdings and have a significant impact on the valuation of those companies. A DCC is effectively denied this by § 4(3) of the German law governing development capital companies ("Gesetz über Unternehmensbeteiligungsgesellschaften" – UBGG).

Even the presumption of a group based on factual circumstances cannot be made, thanks to the special legislative framework surrounding a DCC. This means that the risks associated with a DCC are also limited by the statutory regulations (§ 3 et seq UBGG).

The financial performance of a DCC can be equated more closely to that of a passive investor than to that of a parent holding company which controls the activities of its subsidiaries. A DCC is therefore more like an investment fund, which is similarly subject to statutory restrictions on the investment of cash balances (§ 3(3) UBGG) and on borrowing (§ 5 UBGG).

Earnings categories I and II largely correspond to the standard DVFA/SG formula and are intended to show an earnings figure for the period comparable to those of a group. This assumes that there are no trading relationships between the companies in which participating interests are held. In the occasional cases where this assumption cannot be made the intercompany profits or losses would have to be eliminated.

With regard to earnings category II it must be emphasized that the income retained by the companies in which participating interests are held is not available for payment of a dividend to shareholders of the DCC and that a distribution can therefore only be made out of subsequent proceeds of disposals.

The main object of a DCC is the acquisition and disposal of participating interests in other companies. However, since the permanence of profits from disposals cannot normally be guaranteed owing to the risk potential inherent in this type of business, the proceeds of disposals do not have the same quality of earnings as the operating activities of the companies in which participating interests are held, which are included in earnings categories I and II of the DCC. In order to provide a true reflection of the different quality of earnings the profits on disposals are shown in a separate earnings category (III).

1. Vorbemerkung

Ausgehend von der traditionellen DVFA/SG-Methodik erfordert die Ergebnisermittlung einer UBG Modifikationen, weil hier die Merkmale eines Konzerns, wie einheitliche Leitung, das Vorliegen eines WP-geprüften Konzernabschlusses sowie alle Informationsrechte und -pflichten fehlen. Eine Konzernmutter kann über ihre Kapitalanteile direkt in die Konzerngesellschaften hineinwirken und deren Wertdarstellung stark beeinflussen. Diese Möglichkeiten sind einer UBG grundsätzlich verwehrt (§ 4 Abs. 3 UBGG).

Selbst die faktische Konzernvermutung kann wegen der besonderen gesetzlichen Ausgestaltung bei einer UBG ebenfalls nicht vorliegen. Damit sind auch die Risiken einer UBG durch die gesetzlichen Vorschriften (§§ 3 ff. UBGG) begrenzt.

Vom wirtschaftlichen Ergebnis ähnelt die UBG eher einem passiven Investor als der Obergesellschaft einer Holding, die die Aktivitäten ihrer Tochtergesellschaften steuert. Die UBG ist somit eher mit einem Investmentfonds vergleichbar, der ebenfalls in der Anlage freier Mittel (§ 3 Abs. 3 f. UBGG) und in der Kreditaufnahme (§ 5 UBGG) gesetzlichen Restriktionen unterliegt.

Die beiden Ergebniskategorien I und II entsprechen weitgehend dem traditionellen DVFA/SG-Ermittlungsschema und sollen ein dem Konzernergebnis vergleichbares periodisches Ergebnis darstellen. Dabei wird davon ausgegangen, daß zwischen den Beteiligungen keine Leistungsbeziehungen bestehen. Sollte dies ausnahmsweise doch der Fall sein, müßten die Zwischenerfolge eliminiert werden.

In der Ergebniskategorie II ist hervorzuheben, daß die thesaurierten Erträge der Beteiligungsgesellschaften für den Aktionär der UBG gerade nicht für eine mögliche Dividende an ihn zur Disposition stehen und eine Ausschüttung daher nur über spätere Veräußerungserlöse möglich ist.

Grundsätzlich besteht der Unternehmenszweck einer UBG im Erwerb und der Veräußerung von Beteiligungsgesellschaften. Da jedoch die Nachhaltigkeit der Veräußerungsgewinne wegen des Risikopotentials, das diesem Geschäftszweck immanent ist, im Regelfall nicht gegeben ist, besitzen die Veräußerungserlöse nicht die Qualität des operativen Geschäfts der Beteiligungsgesellschaften, das in den Ergebniskategorien I und II der UBG ausgewiesen wird. Um der unterschiedlichen Ergebnisqualität gerecht zu werden, werden die Veräußerungsgewinne in einer eigenen Ergebniskategorie (III) dargestellt.

2. Proforma computation for the DVFA/SG earnings of a DCC

+ **Earnings category I** (net profit for the year adjusted according to the DVFA/SG method)

   Net profit/loss of DCC for the year
   ./. Profits on disposal of participating interests
   + Losses on disposal of participating interests
   ./. Items to be adjusted* in other operating income (e.g. write-ups, profits on disposal of participating interests as a result of previous write-downs)
   + Items to be adjusted* in other operating expenses
   ./. Income from participating interests relating to prior periods
   ./. Part of income from participating interests in partnerships not withdrawn
   + Expenses to be adjusted* in the case of companies in which participating interests are held in proportion to the distribution
   ./. Income to be adjusted* in the case of companies in which participating interests are held in proportion to the distribution

+ **Earnings category II** (proportion of profit attributable to DCC but not distributed)

   Net balance between the proportionate part of adjusted profits retained or not withdrawn and the proportionate part of adjusted losses of companies in which participating interests are held

+ **Earnings category III** (net profits from participating interests)
   Profits on disposal of participating interests
   ./. Losses on disposal of participating interests
   + Write-ups of participating interests
   ./. Write-downs of participating interests
   + Book profits included in other operating income on disposal of participating interests as a result of previous write-downs
   ./. Proportionate part of earnings retained/not withdrawn in previous years from participating interests sold (because already included in category II)
   + Proportionate part of losses made in previous years by participating interests sold (because already included in category II)

= DVFA/SG earnings of DCC

All three earnings categories are disclosed separately.

* as defined for DVFA/SG purposes

2. Ermittlungsschema für das DVFA/SG-Ergebnis einer UBG

+ **Ergebniskategorie I** (nach DVFA/SG bereinigter Jahresüberschuß)

Jahresüberschuß / -fehlbetrag der UBG
  - – Gewinne aus dem Abgang von Beteiligungen
  - + Verluste aus dem Abgang von Beteiligungen
  - – Zu bereinigende Positionen* in den sonstigen betrieblichen Erträgen
    (z.B. Zuschreibungen, Gewinne aus dem Abgang von Beteiligungen aufgrund
    früherer Abschreibungen)
  - + Zu bereinigende Positionen* in den sonstigen betrieblichen Aufwendungen
  - – Periodenfremde Erträge aus Beteiligungen
  - – Nicht entnommener Teil der Erträge aus Beteiligungen an Personengesellschaften
  - + Zu bereinigende Aufwendungen bei Beteiligungsunternehmen,
    anteilig jeweils zur Ausschüttung
  - – Zu bereinigende Erträge* bei Beteiligungsunternehmen, anteilig jeweils zur
    Ausschüttung

+ **Ergebniskategorie II** (der UBG zustehender, aber nicht ausgeschütteter Gewinnanteil)

Saldo der anteiligen thesaurierten bzw. nicht entnommenen bereinigten Gewinne
und der anteiligen bereinigten Verluste der Beteiligungsgesellschaften

+ **Ergebniskategorie III** (Saldo der Beteiligungsgewinne)
  Gewinne aus dem Abgang von Beteiligungen
  - – Verluste aus dem Abgang von Beteiligungen
  - + Zuschreibungen auf Beteiligungen
  - – Abschreibungen auf Beteiligungen
  - + In sonstigen betrieblichen Erträgen enthaltene Buchgewinne aus Beteiligungs-
    abgängen aufgrund früherer Abschreibungen
  - – In Vorjahren thesaurierte/nicht entnommene anteilige Ergebnisse der veräußerten
    Beteiligungen (da bereits in Kategorie II erfaßt)
  - + In Vorjahren erwirtschaftete anteilige Verluste der veräußerten Beteiligungen
    (da bereits in Kategorie II erfaßt)

= DVFA/SG-Ergebnis der UBG

Die Ergebniskategorien I, II und III werden einzeln veröffentlicht.

* Im Sinne des DFVA/SG-Schemas.

V.

Besonderheiten
bei Neuemissionen

Features peculiar to
new issues

1. Introduction

New issue business to raise capital through the stock market has increased dramatically since the beginning of the eighties. This has also expanded the field of activity of financial analysts in that they now act as intermediaries between issuing companies and investors. The analytical work accompanying new issues has thrown up some problems in practice which have not yet been dealt with by the DVFA. In order to avoid differences in procedure the DVFA has set up a working group with the task of formulating definitive recommendations regarding methodology. The name of the working group (Finanzanalytische Grundlagen bei Neuemissionen) can be translated as "Financial Analysis of New Issues".

The function of this working group is to examine questions and problems which arise in connection with the financial analysis and pricing of new issues. The main areas of investigation include situations connected with going public and the computation of earnings where this is not covered by the DVFA/SG recommendation or where the procedure has to depart from the DVFA/SG recommendation because of special features peculiar to new issues.

The aim of the working group is to establish standard rules for financial analysis and the computation of earnings in order to provide future shareholders with a comparable, intelligible and fair picture of the company whose shares are to be issued.

1. Vorbemerkung

Seit dem Beginn der achtziger Jahre hat das Neuemissionsgeschäft im Rahmen der Eigenkapitalbeschaffung über die Börse eine starke Belebung erfahren. Dadurch ist auch das Arbeitsgebiet des Finanzanalysten dahingehend erweitert worden, daß er in eine Mittlerfunktion zwischen Emittenten und Investoren tritt. Bei der analytischen Begleitung von Neuemissionen sind in der Praxis Fragestellungen aufgetreten, die bisher noch nicht von der DVFA erfaßt worden sind. Um unterschiedliche Vorgehensweisen zu vermeiden, hat die DVFA eine Arbeitsgruppe mit dem Ziel gegründet, hierzu methodisch verbindliche Empfehlungen zu erarbeiten. Die Arbeitsgruppe trägt den Namen „Finanzanalytische Grundlagen bei Neuemissionen".*

Gegenstand dieser Arbeitsgruppe ist die Auseinandersetzung mit Fragen und aktuellen Problemen, die bei der Finanzanalyse und der Preisfindung von Neuemissionen auftreten. Schwerpunkte sind u.a. Vorgänge im Zusammenhang mit der Umwandlung in die AG sowie die Ergebnisermittlung, soweit diese nicht in der DVFA/SG-Empfehlung geregelt ist bzw. aufgrund von Besonderheiten bei Neuemissionen hiervon abgewichen werden soll.

Die Arbeitsgruppe bezweckt, einheitliche Grundlagen zur Analyse und Ergebnisermittlung zu schaffen, um den künftigen Aktionären ein vergleichbares, transparentes und faires Bild von der zu plazierenden Aktiengesellschaft zu bieten.

---

* **Mitglieder der DVFA-Kommission „Finanzanalytische Grundlagen bei Neuemissionen"**
Members of the DVFA Commission "Financial Analysis of New Issues"
Peter Braun, Commerzbank AG
Manfred Dietrich, DG Bank
Friedrich Kühne, Dresdner International Research Institute GmbH
Jörg Letschert, Trinkaus & Burkhardt
Peter Rothenaicher, Bayerische Vereinsbank AG
Michael Schatzschneider, BHF-Bank
Friedrich Schellmoser, Bayerische Hypotheken- und Wechselbank AG
Margot Schoenen, WestLB Capital Management GmbH
Dr. Hans-Dieter Klein, DB Research GmbH
Dr. Klaus Wagner, Sal. Oppenheim jr. & Cie. KGaA

2. Number of shares on which the computation is based

Unlike the procedure in chapter D, the earnings per share figures for new issues should be based on the registered share capital after the shares have been placed in the market. The criterion of dividend ranking does not seem appropriate, for the following reasons:

– The dividend ranking of the new shares is determined in each individual case and has no significant influence on the value of a company or of its shares. For reasons of informative value, therefore, the earnings per share figures (for the past and for the future) should be expressed regardless of dividend ranking.

– A stock exchange flotation is frequently preceded by extensive capital restructuring, much more than in the case of companies which are already listed. The considerable significance of such restructuring for earnings per share should be fully disclosed to investors and not just step by step or in part.

– Earnings per share figures based on the total share capital provide an accurate picture of the relative changes in absolute earnings (whereas any other method of computation could show a very different or even contrary progression).

– The valuation of a company is assessed independently of the number of shares by reference to the capitalized value of its earnings, which is the product of the absolute DVFA/SG earnings figure and a multiplier. (The value of a share then equals the value of the company divided by the total number of shares.)

Basing the calculation of earnings per share on the total share capital ensures that the multiplier used for valuing the whole company is the same as the quotient obtained by dividing the issue price by earnings per share (company value multiplier = share price multiplier).

The procedure in the case of 'quasi' or 'near' new issues – issues of shares which are already officially listed either on the primary exchange or in the secondary market but where the number of shares in free float is very small or the market in the shares very narrow – should be the same as for all other capital increases or rights issues.

2. Zugrundezulegende Aktienzahl

Abweichend von der Vorgehensweise in Kapitel D ist für die Darstellung der Ergebnisreihe je Aktie bei Neuemissionen auf das nach der Plazierung eingetragene Grundkapital abzustellen. Vom Kriterium der Dividendenberechtigung abzugehen, erscheint aus folgenden Gründen geboten:

– Die Dividendenberechtigung der jungen Aktien wird individuell festgelegt und hat keinen maßgeblichen Einfluß auf den Wert eines Unternehmens/einer Aktie. Aus Transparenzgründen sollte daher auch die Reihe der Ergebnisse je Aktie (sowohl der Vergangenheit als auch der Zukunft) unabhängig von der Dividendenberechtigung ausgewiesen werden.

– Häufig geht dem Gang an die Börse eine im Vergleich zu bereits börsennotierten Unternehmen ungewöhnlich umfangreiche Kapitalveränderung voraus. Die damit einhergehende beträchtliche Auswirkung auf das Ergebnis je Aktie sollte dem Investor vollständig und nicht nur sukzessive oder teilweise offengelegt werden.

– Die Reihe der Ergebnisse je Aktie bildet bei Zugrundelegung des gesamten Grundkapitals die relative Veränderung der absoluten Ergebnisse genau ab (während bei einer anderen Ermittlungsmethode ein extrem unterschiedlicher oder sogar konträrer Verlauf möglich ist).

– Die Bewertung eines Unternehmens wird unabhängig von der Stückzahl der Aktien am Ertragswert gemessen, der sich als Produkt des absoluten DVFA/SG-Ergebnisses und eines Multiplikators ergibt. (Der Wert einer Aktie ist dann gleich dem Unternehmenswert, dividiert durch die Gesamtzahl der Aktien.)

Durch die Zugrundelegung des gesamten Grundkapitals (bei der Berechnung des Ergebnisses je Aktie) wird gewährleistet, daß der bei der Bewertung des Gesamtunternehmens in Anrechnung gebrachte Multiplikator gleich dem ist, der sich als Quotient aus Emissionskurs und Ergebnis je Aktie ermittelt (Unternehmenswertmultiplikator = Kursmultiplikator).

In den Fällen von Quasi-Neuemissionen – das sind solche Emissionen, bei denen bereits eine Notierung im Amtlichen Handel oder Geregelten Markt besteht, der Free Float bzw. die Liquidität des Handels aber sehr gering ist – soll wie bei allen anderen Kapitalerhöhungen verfahren werden.

3. Costs of stock market flotation

The costs of the initial stock market flotation have to be treated as exceptional expenses (cf. chapter A.I.5.1) for the purpose of computing DVFA/SG earnings in connection with new issues. In addition to the actual costs of the issue, these costs also include those incurred in connection with converting the business into a public company. Generally speaking, each item to be adjusted has to relate to the period under review (an important point when the costs of converting from a partnership to a company with a share capital are extracted from information provided by the company) and be very closely, directly and exclusively connected with the stock market flotation.

The following are the main costs connected with an initial stock market flotation:
– formation audit fees
– notarial fees
– registration court costs
– legal and tax etc. consultancy fees
– costs of mandatory notices and publications
– fees for admission to stock exchange listing
– commission paid to banks
– share certificate printing costs
– financial marketing costs (only those directly related to the stock market flotation)
– transaction taxes (e.g. land transfer tax).

3. Kosten der Börseneinführung

Bei der Ermittlung des DVFA/SG-Ergebnisses von Neuemissionen sind die Kosten der erstmaligen Börseneinführung als ungewöhnlicher Aufwand im Sinne der DVFA/SG-Definition (vgl. Abschnitt A.I.5.1) zu behandeln. Neben den eigentlichen Emissionskosten zählen hierzu auch Kosten der Umwandlung. Generell gilt, daß jede Bereinigungsposition den Grundsatz der Periodenechtheit (zu beachten insbesondere bei Übernahme der Umwandlungskosten aus dem Unternehmensbericht) zu erfüllen und daß sie in einem sehr eng zu verstehenden, unmittelbaren und ausschließlichen Zusammenhang mit der Börseneinführung zu stehen hat.

Als Kosten der erstmaligen Börseneinführung kommen im wesentlichen in Betracht:
– Kosten der Gründungsprüfung
– Notargebühren
– Kosten der Registergerichte
– Kosten für die (u.a. Rechts-, Steuer-)Beratung
– Kosten der Pflichtveröffentlichungen
– Börsenzulassungsgebühren
– Bankprovisionen
– Kosten für den Aktiendruck
– Kosten für das Financial Marketing (nur bei direktem Bezug zur Börseneinführung)
– Verkehrsteuern (z.B. Grunderwerbsteuer).

4. Application of proceeds of the issue

If the company receives new funds as part of the flotation, the effects of this on earnings have to be taken into account from the date when the funds are received. The budget forecasts for this purpose should be based on the proposed application of the funds (for capital expenditure, reduction in borrowings, investment in capital markets, acquisitions), provided that the resultant effects on earnings are sufficiently certain and quantifiable. The actual procedure depends on the particular circumstances of each individual case.

4. Verwendung des Emissionserlöses

Fließen dem Unternehmen im Zuge des Gangs an die Börse neue Mittel zu, so sind die daraus resultierenden Ertragseffekte grundsätzlich ab dem Zeitpunkt des Mittelzuflusses zu berücksichtigen. Dabei sollte den Prognoserechnungen die geplante Mittelverwendung (Investition, Schuldentilgung, Anlage am Kapitalmarkt, Akquisition) zugrundegelegt werden, sofern die daraus resultierenden Ertragseffekte hinreichend sicher und quantifizierbar sind. Die jeweilige Vorgehensweise hängt vom konkreten Einzelfall ab.

5. Transformation into an "as if" public company

If the stock market candidate is not yet legally constituted as a public company it is essential, in order to achieve comparability with companies already listed on the stock exchange, to bring the company's annual financial statements into line with those of a public company (called an "as if" public company). The same applies to budget forecasts. The main items to be taken into account are additional costs incurred as a result of the change in legal constitution and/or stock market flotation and the tax consequences (especially the notional application of corporation tax and net assets tax liabilities to former partnerships).

Computation of DVFA/SG earnings of "as if" public company

	Published result from ordinary activities
–	Additional costs of public company
=	Earnings from ordinary activities of "as if" public company
–	Other taxes (excluding net assets tax)
–	Municipal trade tax on income
=	Earnings before corporation tax and net assets tax
–	Cash dividend
–	Corporation tax on distribution
=	Gross profit retained
–	Corporation tax on profit retained
=	Net profit retained
+	Cash dividend
=	Net profit before net assets tax
–	Net assets tax
=	Net profit of "as if" public company
+/-	Items to be adjusted according to the DVFA/SG formula
=	DVFA/SG earnings of "as if" public company

Explanatory comments on individual items:

Additional costs of public company

The costs to be taken into account under this heading include especially the remuneration of the management board, but also the costs of the annual general meeting, emoluments of the supervisory board, costs of preparing the annual report, pension provisions for the owner (if a firm undertaking has been given) and costs of investor relations unless these are non-recurring costs of the stock market flotation.

5. Transformation in die „Als-ob-AG"

Firmiert der Börsenkandidat noch nicht in der Rechtsform der AG, ist es aus Gründen der Vergleichbarkeit mit bereits börsennotierten Unternehmen unerläßlich, die Jahresabschlüsse der Gesellschaft denen einer AG anzupassen (sog. „Als-ob-AG"). Gleiches gilt auch für die Planung. Zu berücksichtigen sind im wesentlichen durch den Rechtsformwechsel und/oder den Börsengang bedingte zusätzliche Kosten sowie steuerliche Auswirkungen (insbesondere fiktive Anwendung der Körperschaftsteuer- und Vermögensteuerpflicht auf vormalige Personengesellschaften).

Ermittlungsschema für das DVFA/SG-Ergebnis der „Als-ob-AG"

	Ausgewiesenes Ergebnis der gewöhnlichen Geschäftstätigkeit
–	Zusätzliche Kosten der AG
=	Ergebnis der gewöhnlichen Geschäftstätigkeit der „Als-ob-AG"
–	Sonstige Steuern (ohne Vermögensteuer)
–	Gewerbeertragsteuer
=	Ergebnis vor Körperschaftsteuer und Vermögensteuer
–	Bardividende
–	Körperschaftsteuer auf Ausschüttung
=	Bruttothesaurierung
–	Körperschaftsteuer auf Thesaurierung
=	Nettothesaurierung
+	Bardividende
=	Jahresüberschuß vor Vermögensteuer
–	Vermögensteuer
=	Jahresüberschuß „Als-ob-AG"
+/–	Bereinigungspositionen laut DVFA/SG
=	DVFA/SG-Ergebnis „Als-ob-AG"

Erläuterungen zu den einzelnen Positionen:

Zusätzliche Kosten der AG

Zu den hier anzusetzenden Kosten zählen insbesondere die Vorstandsbezüge, aber auch die Kosten der Hauptversammlung, Aufsichtsratsbezüge, Kosten für die Erstellung des Geschäftsberichts, Pensionsrückstellungen für den Inhaber (falls zugesagt) sowie Kosten der Investor Relations, soweit diese nicht Einmalkosten der Börseneinführung darstellen.

Municipal trade tax on income

The municipal trade tax factor applicable to the company concerned has to be used; where the company has several places of business the tax should be calculated using the average factor for the locations concerned.

If the notional rate of municipal trade tax on income under the DVFA/SG method were to be used (municipal factor 400% = 16.67% actual) and that rate were lower or higher than the actual rate for the company concerned, the DVFA/SG earnings figure would be overstated or understated respectively. For this reason too, therefore, the rate of municipal trade tax on income applicable to the company concerned should be used.

Cash dividend

When a company is floated on the stock market its dividend policy can change dramatically to bring it into line with current market conditions. This applies not just to cases where the legal constitution of a company is changed on going public but equally to companies which have already been public for some time. In order to avoid distortions in the earnings figures owing to the two-tier rate of corporation tax when there are significant changes in the distribution rate, a consistent dividend policy should be assumed.

The first year in which all shares rank in full for dividends should be taken as the norm. The distribution rate arrived at by dividing the cash dividend by the DVFA/SG earnings figure for that normal year is applied for comparability and practicality purposes to the years prior to the stock market flotation. In the flotation year itself the calculation is based on the actual dividend payable.

Net assets tax

Where no specific information is provided by the company the net assets tax payable by the "as if" public company can be estimated at 0.6% of 75% of the total net assets of the company.

This procedure is only appropriate provided that the balance sheet figures have not been affected by e.g. the inclusion of extensive real estate at current market values. Net assets tax in such a case is less because it is partly based on the much lower values assessed for tax purposes.

Items to be adjusted according to the DVFA/SG formula

The main items to be adjusted in the year when a company is floated on the stock market will normally be the non-recurring costs of the issue itself.

The tax rates shown in chapter C should generally be used to calculate the net amounts of items to be adjusted.

Gewerbeertragsteuer

Es ist der unternehmensspezifische Gewerbesteuer-Hebesatz anzuwenden; bei mehreren Betriebsstätten sollte mit dem unternehmensspezifischen durchschnittlichen Hebesatz gerechnet werden.

Rechnet man mit dem kalkulatorischen Gewerbeertragsteuersatz nach DVFA/SG (Hebesatz 400% = effektiv 16,67%) und liegt dieser unter bzw. über dem tatsächlichen, ergibt sich ein zu hohes bzw. zu niedriges DVFA/SG-Ergebnis. Auch aus diesem Grunde soll daher der unternehmensspezifische Gewerbeertragsteuersatz herangezogen werden.

Bardividende

Beim Gang an die Börse kann sich das Ausschüttungsverhalten eines Unternehmens durch Anpassung an die Marktgepflogenheiten gravierend verändern. Dies gilt nicht nur im Falle des Rechtsformwechsels anläßlich des Going Public, sondern ebenso für bereits länger bestehende Aktiengesellschaften. Um Verzerrungen im Ergebnisverlauf aufgrund des gespaltenen Körperschaftsteuersatzes bei markanten Veränderungen der Ausschüttungsquote zu vermeiden, sollte eine bestimmte nachhaltige Dividendenpolitik unterstellt werden.

Als Normaljahr ist das Jahr anzusehen, in dem alle Aktien erstmals voll dividendenberechtigt sind. Die sich aus dem Quotienten Bardividende/DVFA/SG-Ergebnis ergebende Ausschüttungsquote in diesem Normaljahr wird zu Zwecken der Vergleichbarkeit und Praktikabilität auf die Jahre vor dem Börsengang übertragen. Im Jahr der Börseneinführung wird die effektiv zu zahlende Dividende der Berechnung zugrunde gelegt.

Vermögensteuer

Sofern keine konkreten Angaben des Unternehmens vorliegen, kann hilfsweise die Vermögensteuer der „Als-ob-AG" mit Hilfe der Formel 0,6% aus 75% des Eigenkapitals der AG geschätzt werden.

Diese Vorgehensweise ist nur dann anwendbar, wenn die Bilanzverhältnisse nicht durch z.B. die Einbringung umfangreichen Grund und Bodens zu zeitnahen Werten beeinflußt sind. In einem solchen Fall liegt die Vermögensteuer niedriger, da sie teilweise auf den deutlich niedrigeren Einheitswerten basiert.

Bereinigungspositionen laut DVFA/SG

Im Jahr des Börsengangs sind die Einmalkosten der Emission in der Regel der dominierende Posten bei den Bereinigungspositionen.

Zur Ermittlung der Nettobeträge der Bereinigungspositionen sind grundsätzlich die in Kapitel C angegebenen Steuersätze zu verwenden.

B.

Cash Flow nach DVFA/SG

Cash flow
according to the DVFA/SG method

1. Introduction

The means of finance generated by a company are extremely important for an assessment of the financial viability of the company. The voluntary publication of a cash flow figure is therefore quite common and attracts a great deal of interest, especially on the part of analysts. There are substantial differences of opinion, however, about the computation and components of cash flow. This recommendation is intended to contribute towards establishing a more standard method of computing cash flow.

It must be emphasized that cash flow as described below only reflects one part of the financial performance of a company.

1. Vorbemerkung

Für die finanzwirtschaftliche Beurteilung eines Unternehmens sind die von dem Unternehmen erwirtschafteten Finanzierungsmittel von erheblicher Bedeutung. Die freiwillige Veröffentlichung eines „Cash Flow" ist deshalb weit verbreitet und stößt insbesondere bei den Analysten auf großes Interesse. Über die Ermittlung und die Bestandteile des Cash Flow bestehen jedoch erhebliche Meinungsverschiedenheiten. Diese Empfehlung soll zu einer einheitlicheren Ermittlung des Cash Flow beitragen.

Es wird darauf hingewiesen, daß der nachfolgend umschriebene Cash Flow nur einen Teilbereich des finanziellen Ergebnisses der Unternehmenstätigkeit zu erfassen in der Lage ist.

2. Definition of cash flow

Cash flow identifies the surplus of financial resources derived from the current earnings-related operating activities of the business. It is an expression of the internal financial resources which are available to a company for capital expenditure, reducing borrowings and paying dividends, and for boosting liquid funds.

Cash flow is a financial parameter and should therefore be used primarily for financial analysis purposes.

2. Begriff des Cash Flow

Der Cash Flow gibt den aus den laufenden erfolgswirksamen geschäftlichen Aktivitäten resultierenden finanziellen Überschuß an. Er ist Ausdruck für die Innenfinanzierungskraft, die einem Unternehmen für Investitionen, Schuldentilgung und Dividendenzahlungen sowie für die Speisung des Finanzmittelbestandes zur Verfügung steht.

Der Cash Flow stellt eine Finanzgröße dar und sollte deshalb in erster Linie für finanzwirtschaftliche Analysen verwendet werden.

3. Direct and indirect computation of cash flow

Cash flow can be calculated directly by comparing cash receipts from income with cash payments for expenditure. This direct method is very time-consuming, however, and bears no relation to the annual financial statements.

For this reason cash flow is usually derived indirectly from the figures in the financial statements. Starting from the net profit for the year, non-cash expenditure is added back and non-cash income deducted.

3. Direkte und indirekte Ermittlung des Cash Flow

Der Cash Flow kann direkt ermittelt werden aus der Gegenüberstellung der Einnahmen, die gleichzeitig Erträge sind, und der Ausgaben, die gleichzeitig Aufwendungen sind. Die direkte Ermittlung ist aber sehr aufwendig und stellt keine unmittelbare Verbindung zum Jahresabschluß her.

Deswegen wird der Cash Flow üblicherweise auf indirektem Wege aus den Daten des Jahresabschlusses abgeleitet. Dabei wird vom Jahresergebnis ausgegangen, dem der ausgabelose Aufwand hinzugerechnet und von dem der einnahmelose Ertrag abgezogen wird.

4. Proforma computation of cash flow according to the DVFA/SG method

Given that even systematic implementation of the indirect method requires a considerable amount of time and effort and is largely impossible for outside third parties, the following computation of cash flow is recommended. Adjustments to the net profit or loss for the year are made only if they are material and involve timing differences between their effect on revenue and on cash. Income and expense items are only taken into account if they do not give rise to receipts or payments respectively in the current or following financial period:

1.		Net profit/loss for the year
2.	+	Depreciation of fixed assets
3.	–	Revaluations and write-ups of fixed assets
4.	+/–	Changes in provisions for pensions and other long-term provisions and accruals
5.	+/–	Changes in special tax-allowable reserves
6.	+/–	Other material income and expense items not involving movements of cash
7.	=	Annual cash flow
8.	+/–	Adjustment of material exceptional income and expense items involving movements of cash
9.	=	Cash flow according to the DVFA/SG method

The corresponding amount for the preceding financial year should be shown against each item. If the amounts are not comparable and the difference is material an explanation should be given as required by § 265(2) of the German Commercial Code (HGB). If the previous year's figures are restated this should also be explained. This applies particularly when the cash flow of the group is no longer comparable with the cash flow of the previous year because of a change in composition of the group.

4. Arbeitsschema zur Ermittlung des Cash Flow nach DVFA/SG

Da auch die konsequente Durchführung der indirekten Methode mit erheblichem Aufwand verbunden und von Außenstehenden großenteils nicht nachvollziehbar ist, wird die folgende Cash Flow-Ermittlung empfohlen, bei der Korrekturen des Jahresüberschusses/Jahresfehlbetrages nur insoweit erfolgen, wie sie von wesentlicher Bedeutung sind und zeitliche Verwerfungen zwischen Erfolgs- und Zahlungswirksamkeit repräsentieren. Berücksichtigt werden nur diejenigen Aufwendungen und Erträge, die nicht im Berichts- oder Folgejahr zu Ausgaben/Einnahmen führen:

1.		Jahresüberschuß/-fehlbetrag
2.	+	Abschreibungen auf Gegenstände des Anlagevermögens
3.	−	Zuschreibungen zu Gegenständen des Anlagevermögens
4.	+/−	Veränderung der Rückstellungen für Pensionen bzw. anderer langfristiger Rückstellungen
5.	+/−	Veränderung der Sonderposten mit Rücklageanteil
6.	+/−	andere nicht zahlungswirksame Aufwendungen und Erträge von wesentlicher Bedeutung
7.	=	Jahres-Cash Flow
8.	+/−	Bereinigung ungewöhnlicher zahlungswirksamer Aufwendungen/ Erträge von wesentlicher Bedeutung
9.	=	Cash Flow nach DVFA/SG

Zu jedem Posten sollte der entsprechende Betrag des vorhergehenden Geschäftsjahres angegeben werden. Sind die Beträge nicht vergleichbar, sollte in Fällen von wesentlicher Bedeutung analog zu § 265 Abs. 2 HGB eine Erläuterung erfolgen. Werden die Vorjahresbeträge angepaßt, sollte auch dies erläutert werden. Dies gilt insbesondere auch dann, wenn der Cash Flow des Konzerns infolge einer Änderung des Konsolidierungskreises nicht mehr mit dem Cash Flow des Vorjahres vergleichbar ist.

5. Components of the proforma computation

5.1 Net profit/loss for the year

The starting point for the indirect computation of cash flow is usually the (consolidated) net result for the year. If the unappropriated profit (or accumulated deficit) is taken as the starting point instead, the items involving appropriation of profit have to be reversed.

The cash flow figure according to the DVFA/SG method has to be computed for the group as a whole (not just for the parent company). The computation of cash flow therefore has to be based on the consolidated financial statements.

In the case of parent companies of a subgroup which are listed on the stock exchange and have taken advantage of the exemptions permitted under § 291 and § 292 HGB the cash flow figure should, if possible, be calculated for the subgroup.

5.2 Depreciation of fixed assets

Scheduled and unscheduled depreciation charges as well as special tax-allowable depreciation represent a non-cash expense which has to be added back to the net result for the year for the purpose of computing cash flow. Write-downs of current assets do not have to be allowed for in the calculation of cash flow according to the DVFA/SG method; they are taken into account in a more comprehensive flow of funds statement.

5.3 Revaluations and write-ups of fixed assets

Write-ups of fixed assets are the counterpart of depreciation charges and have to be taken out of the net result for the year again because they are non-cash transactions.

5.4 Changes in provisions for pensions and other long-term provisions and accruals

Changes in provisions for pensions and similar obligations which affect earnings are included in order to add back or deduct the corresponding non-cash expense and income items respectively to or from the net result for the year. Changes in these provisions which do not affect earnings (e.g. new pension provisions following company takeovers) have to be excluded from the amount of the change if they are material.

Income and expense items representing changes in other long-term provisions and accruals have to be treated in the same way.

The primary criterion for determining whether provisions are long-term is whether they are accrued for a residual period of more than one year. Certain types of provisions (provisions for deferred taxes, provisions for certain warranty commitments etc., as well as

5. Die Komponenten des Ermittlungsschemas

5.1 Jahresüberschuß/Jahresfehlbetrag

Ausgangspunkt der indirekten Ermittlung des Cash Flow ist üblicherweise das (Konzern-)Jahresergebnis. Wird vom Bilanzgewinn (Bilanzverlust) ausgegangen, sind die Schritte der Gewinnverwendungsrechnung rückgängig zu machen.

Der Cash Flow nach DVFA/SG ist grundsätzlich für die wirtschaftliche Einheit des Konzerns (also nicht nur für das Mutterunternehmen) zu ermitteln. Es ist deshalb der Konzernabschluß der Cash Flow-Ermittlung zugrundezulegen.

Für börsennotierte Mutterunternehmen eines Teilkonzerns, die die Befreiungsregelungen nach §§ 291, 292 HGB in Anspruch genommen haben, sollte der Cash Flow möglichst für den Teilkonzern ermittelt werden.

5.2 Abschreibungen auf Gegenstände des Anlagevermögens

Sowohl planmäßige als auch außerplanmäßige Abschreibungen sowie steuerliche Sonderabschreibungen stellen einen nicht zahlungswirksamen Aufwand dar, der bei der Ermittlung des Cash Flow zum Jahresergebnis wieder hinzuzurechnen ist. Abschreibungen auf Gegenstände des Umlaufvermögens bleiben bei der Berechnung des Cash Flow nach DVFA/SG außer Ansatz; sie werden im Rahmen einer umfassenderen Finanzflußrechnung berücksichtigt.

5.3 Zuschreibungen zu Gegenständen des Anlagevermögens

Zuschreibungen zu Gegenständen des Anlagevermögens stellen die korrespondierenden Positionen zu den Abschreibungen dar und sind aufgrund ihrer fehlenden Zahlungswirksamkeit vom Jahresergebnis wieder abzusetzen.

5.4 Veränderung der Rückstellungen für Pensionen bzw. anderer langfristiger Rückstellungen

Durch die Einbeziehung der erfolgswirksamen Veränderung der Rückstellungen für Pensionen und ähnliche Verpflichtungen sollen die entsprechenden zahlungsunwirksamen Aufwendungen bzw. Erträge zum Jahresergebnis hinzugerechnet bzw. davon abgezogen werden. Erfolgsneutrale Veränderungen dieser Rückstellungen (z. B. hinzukommende Pensionsrückstellungen aus Unternehmensakquisitionen) sind in Fällen von wesentlicher Bedeutung aus dem Veränderungsbetrag herauszurechnen.

Analog sind auch Aufwendungen und Erträge aus der Veränderung anderer langfristiger Rückstellungen zu behandeln.

pension provisions) can generally be assumed to be long-term. For practical reasons these provisions can be treated as long-term in their entirety even if part of them is used up and replenished in the short term. Once a particular procedure has been adopted, however, it must be applied consistently.

5.5 Changes in special tax-allowable reserves

Any changes in special tax-allowable reserves taken to the profit and loss account as income or expense items have to be taken out because they are non-cash transactions. This adjustment does not have to be made when computing the cash flow of a group if the special tax-allowable reserve is reclassified to the net result for the year and deferred taxes.

5.6 Other material income and expense items not involving movements of cash

In practice there are frequently some non-cash income and expense items which do not obviously come within the scope of the adjusting items on lines 2 – 5 of the proforma computation. These non-cash items have to be adjusted if they are material, i.e. if their net total exceeds 5% of the average annual cash flow of the preceding three financial years. The treatment must be consistent.

Possible examples of earnings components of this type not involving cash: income from the release of investment grants on the liabilities side of the balance sheet, and amortization of debt discount on the assets side.

Start-up and business expansion expenses have to be deducted for the computation of cash flow in the year when they are capitalized and the associated write-downs added back in subsequent years if this balance sheet treatment does not represent actual assets. The difference between the earnings shown in the consolidated profit and loss account attributable to participating interests in companies accounted for by the equity method and the profit distributions actually received represents a non-cash transaction. These earnings components have to be excluded in the computation of cash flow.

Various different methods are used for translating the financial statements of foreign subsidiaries into the currency used for group reporting purposes in consolidated financial statements. This affects the cash flow figure if the changes in balance sheet headings taken into account in the computation of cash flow are based on different rates of exchange from those used for the corresponding income and expense items in the profit and loss account and if these translation differences are taken to earnings without involving movements of cash. In view of the relative difficulty of eliminating these non-cash effects there is no need for any corresponding adjustment to the cash flow figure.

Although the heading "own work capitalized" in a profit and loss account drawn up by the total costs (type of expenditure) method (§ 275(2) HGB) represents an income item not involving movements of cash, it does not have to be taken out in the computation of

Primäres Abgrenzungskriterium für die Langfristigkeit von Rückstellungen ist eine Restlaufzeit von mehr als einem Jahr. Bei bestimmten Arten von Rückstellungen (neben den Pensionsrückstellungen: Rückstellungen für latente Steuern, Rückstellungen für bestimmte Gewährleistungsrisiken u. a.) kann grundsätzlich davon ausgegangen werden, daß sie langfristig sind. Aus Praktikabilitätsgründen können diese Rückstellungen in ihrer Gesamtheit als langfristig angesehen werden, auch wenn ein Teilbetrag kurzfristig revolviert wird. Allerdings muß die einmal gewählte Verfahrensweise stetig beibehalten werden.

5.5 Veränderung der Sonderposten mit Rücklageanteil

Die bei der Ermittlung des Jahresergebnisses berücksichtigten Aufwendungen und Erträge aus der Veränderung der Sonderposten mit Rücklageanteil sind aufgrund ihrer fehlenden Zahlungswirksamkeit zu neutralisieren. Bei der Ermittlung des Cash Flow für einen Konzern entfällt dieser Korrekturposten, wenn der Sonderposten mit Rücklageanteil in die Positionen Jahresergebnis und latente Steuern umgegliedert wird.

5.6 Andere nicht zahlungswirksame Aufwendungen und Erträge von wesentlicher Bedeutung

In der Praxis ergeben sich häufig nicht zahlungswirksame Aufwendungen und Erträge, die den in den Zeilen 2 bis 5 des Arbeitsschemas genannten Korrekturpositionen nicht eindeutig zurechenbar sind. Eine Korrektur dieser nicht zahlungswirksamen Aufwendungen und Erträge ist vorzunehmen, wenn sie wesentlich sind, d.h. wenn sie im Saldo 5% des durchschnittlichen Jahres-Cash Flow der vorangegangenen drei Geschäftsjahre überschreiten. Auf Stetigkeit ist zu achten.

Beispiele für solche nicht zahlungswirksamen Ergebniskomponenten können Erträge aus der Auflösung passivierter Investitionszuschüsse und Abschreibungen auf ein aktiviertes Disagio sein.

Aufwendungen für die Ingangsetzung und Erweiterung des Geschäftsbetriebs sind im Jahr der Aktivierung bei der Ermittlung des Cash Flow abzusetzen und die entsprechenden Abschreibungen in den Folgejahren hinzuzurechnen, wenn die Bilanzierungshilfe keine Vermögensgegenstände repräsentiert. Das in der Konzern-Gewinn- und Verlustrechnung ausgewiesene auf „at equity" bewertete Beteiligungen entfallende Ergebnis stellt in Höhe der Differenz zu den vereinnahmten Gewinnausschüttungen einen nicht zahlungswirksamen Ertrag bzw. Aufwand dar. Diese Erfolgsbestandteile sind bei der Ermittlung des Cash Flow außer Ansatz zu lassen.

Bei der Aufstellung von Konzernabschlüssen finden unterschiedliche Verfahren der Umrechnung von Jahresabschlüssen ausländischer Tochterunternehmen in die Konzernberichtswährung Anwendung. Auswirkungen auf den Cash Flow ergeben sich dann,

cash flow because such an adjustment would result in a modified cash flow figure which would represent only the (remaining) surplus of receipts which would be available after deduction of internal capital expenditure for the acquisition of fixed assets and other purposes.

5.7 The "annual cash flow"

The net balance after adjustment of the profit or loss for the year in accordance with lines 2 – 6 of the proforma computation is referred to in the same way as "cash flow for the year" or "annual cash flow". As can be seen from the proforma computation, this figure also includes exceptional income and expense items involving movements of cash.

The annual cash flow figure differs from the "cash flow from operations" calculated in accordance with the joint opinion of SG/HFA and international statements of opinion[1] in that the latter definitions of cash flow also include movements in net current assets (working capital) as well as in short-term provisions and exclude profits and losses on disposals of fixed assets. The annual cash flow figure can, however, be the starting point for a flow of funds statement drawn up in accordance with local and international standards[2].

5.8 Adjustment of material exceptional income and expense items involving movements of cash

Cash flow can be used as an indicator of the permanent internal financial resources of a company if it is adjusted for exceptional income and expense items involving movements of cash. The decision as to which items have to be adjusted as "exceptional" for the purpose of computing cash flow is based on the same criteria as are used for the adjustment of DVFA/SG earnings. The adjustment of cash transactions identified in this way is made net of tax to exactly the same extent as they were actually taxed or tax-allowable. The tax rates to be applied are based on the same principles as for the computation of DVFA/SG earnings (cf. chapter C). As far as materiality is concerned the threshold for items to be adjusted net of tax is set at 5% of the average annual cash flow of the preceding three financial years.

---

1 cf. Gemeinsame Stellungnahme des Arbeitskreises Finanzierungsrechnung der Schmalenbach-Gesellschaft / DGfB und des Hauptfachausschusses (HFA) des Instituts der Wirtschaftsprüfer 1/1995 "Die Kapitalfluß-rechnung als Ergänzung des Jahres- und Konzernabschlusses"; Financial Accounting Standards Board (USA): SFAS 95: "Statement of Cash Flows" Nov. 1987; Accounting Standards Board (Great Britain): FRS 1 "Cash Flow Statements", Accountancy, Nov. 1991, p. 129 et seq; International Accounting Standards Committee (IASC): IAS 7 (1992) "Cash Flow Statements" 1992; Österreichische Vereinigung für Finanz-analyse und Anlageberatung (ÖVFA) "ÖVFA-Ergebnis- und Cash Flow-Formeln für den Einzel- und Kon-zernabschluß nach RLG" in ÖVFA series no. 3, Vienna 1993.

2 In principle: Annual cash flow - increase / + decrease in net current assets + increase / – decrease in short-term provisions – profits / + losses on disposals of fixed assets = cash inflow/outflow from current operating activities (cash flow from operations).

wenn den im Rahmen der Cash Flow-Ermittlung berücksichtigten Veränderungen von Bilanzpositionen andere Umrechnungskurse zugrundeliegen als den korrespondierenden Aufwands- und Ertragspositionen in der Gewinn- und Verlustrechnung und wenn diese Umrechnungsdifferenzen erfolgswirksam behandelt werden, ohne zahlungswirksam zu sein. Aufgrund der relativ großen Schwierigkeiten einer Ausschaltung dieser nicht zahlungswirksamen Auswirkungen kann auf eine entsprechende Korrektur des Cash Flow verzichtet werden.

Die in der Gewinn- und Verlustrechnung nach dem Gesamtkostenverfahren (§ 275 Abs.2 HGB) ausgewiesene Position „andere aktivierte Eigenleistungen" stellt zwar einen zahlungsunwirksamen Ertrag dar. Dieser ist jedoch bei der Ermittlung des Cash Flow nicht abzuziehen, weil eine Korrektur zu einem modifizierten Cash Flow führen würde, der lediglich den (verbliebenen) Einnahmeüberschuß darstellen würde, der nach Abzug der Eigeninvestitionen für die Anschaffung von Gegenständen des Anlagevermögens und für sonstige Zwecke verfügbar wäre.

5.7 Der „Jahres-Cash Flow"

Der Saldo der Korrekturen des Jahresergebnisses nach den Zeilen 2 bis 6 des Arbeitsschemas wird in Analogie zum Jahresüberschuß/Jahresfehlbetrag als „Jahres-Cash Flow" bezeichnet. Diese Größe enthält – wie aus dem Arbeitsschema hervorgeht – auch die ungewöhnlichen zahlungswirksamen Aufwendungen und Erträge.

Der Jahres-Cash Flow unterscheidet sich von dem Mittelzufluß/-abfluß aus der laufenden Geschäftstätigkeit nach der gemeinsamen Stellungnahme von SG/HFA bzw. dem „Cash Flow from Operations" nach internationalen Stellungnahmen[1] dadurch, daß letztere zusätzlich zum Jahres-Cash Flow auch die Bewegungen im Bereich des Netto-Umlaufvermögens („Working Capital") und der kurzfristigen Rückstellungen, nicht aber die Erfolge aus Abgängen des Anlagevermögens umfassen. Der Jahres-Cash Flow kann jedoch die Ausgangsgröße für eine nach nationalen und internationalen Standards aufzustellende Finanzflußrechnung sein.[2]

---

1 Vgl. Gemeinsame Stellungnahme des Arbeitskreises Finanzierungsrechnung der Schmalenbach-Gesellschaft / DGfB und des Hauptfachausschusses (HFA) des Instituts der Wirtschaftsprüfer 1/1995 „Die Kapitalflußrechnung als Ergänzung des Jahres- und Konzernabschlusses"; Financial Accounting Standards Board (USA): SFAS No. 95: „Statement of Cash Flows", Nov. 1987; Accounting Standards Board (Großbritannien): FRS Nr. 1 „Cash Flow Statements", Accountancy, Nov. 1991, S. 129 ff.; International Accounting Standards Committee (IASC): IAS 7 i.d.F.v. 1992 "Cash Flow Statements", 1992, Österreichische Vereinigung für Finanzanalyse und Anlageberatung (ÖVFA): „ÖVFA-Ergebnis- und Cash Flow-Formeln für den Einzel- und Konzernabschluß nach RLG". in: ÖVFA-Schriftenreihe Nr. 3, Wien 1993.

2 Es gilt grundsätzlich: Jahres-Cash Flow – Erhöhung / + Verminderung des Netto-Umlaufvermögens + Erhöhung / – Verminderung der kurzfristigen Rückstellungen – Erträge / + Verluste aus Abgängen des Anlagevermögens = Mittelzufluß/-abfluß aus der laufenden Geschäftstätigkeit (Cash Flow from Operations).

Most adjustments to DVFA/SG earnings represent non-cash transactions anyway (e.g. depreciation, provisions) which have to be included in the annual cash flow figure regardless of the 5% threshold. The materiality criterion referred to above therefore applies only to the remaining transactions involving movements of cash.

5.9 "Cash flow according to the DVFA/SG method"

The final figure after adjustments to the annual cash flow is the standardized figure of "cash flow according to the DVFA/SG method". In order to facilitate understanding of the content of this cash flow figure by outside third parties the final figure in the computation should always be referred to in this way.

5.10 Minority interests and adjustment

In order to calculate cash flow per share the proportions attributable to third parties or – failing that – the minority interests in the profit or loss for the year have to be deducted from the cash flow figure according to the DVFA/SG method. Where adjustments have to be made for increases in capital the same principles apply as for the computation of DVFA/SG earnings (see chapter D).

5.8 Bereinigung ungewöhnlicher zahlungswirksamer Aufwendungen/Erträge von wesentlicher Bedeutung

Der Cash Flow kann als Indikator für die nachhaltige Innenfinanzierungskraft des Unternehmens herangezogen werden, wenn er um die ungewöhnlichen zahlungswirksamen Aufwendungen und Erträge korrigiert wird. Für die Abgrenzung dessen, was im Rahmen der Cash Flow-Ermittlung als „ungewöhnlich" zu bereinigen ist, gelten die gleichen Kriterien, die auch bei der Bereinigung des Ergebnisses nach DVFA/SG Anwendung finden. Die Bereinigung der so bestimmten zahlungswirksamen Vorgänge wird mit dem Betrag nach Steuern vorgenommen, und zwar in dem Umfang, in dem sie tatsächlich steuerlich wirksam waren. Hinsichtlich der anzuwendenden Steuersätze gelten die gleichen Grundsätze wie bei der Ermittlung des Ergebnisses nach DVFA/SG (vgl. Kapitel C). Mit Rücksicht auf die Dimension des Cash Flow wird die Wesentlichkeitsgrenze der zu bereinigenden Vorgänge nach Steuern mit 5% des durchschnittlichen Jahres-Cash Flow der vorangegangenen drei Geschäftsjahre festgelegt.

Die meisten Bereinigungen im Ergebnis nach DVFA/SG betreffen ohnehin zahlungsunwirksame Vorgänge (z.B. Abschreibungen, Rückstellungen), die unbeschadet der 5%-Grenze in den Jahres-Cash Flow einzurechnen sind. Daher gilt der hier umschriebene Wesentlichkeitsgrundsatz nur für die verbleibenden zahlungswirksamen Vorgänge.

5.9 Der „Cash Flow nach DVFA/SG"

Als Ergebnis der Korrekturen des Jahres-Cash Flow ergibt sich der „Cash Flow nach DVFA/SG". Das Berechnungsergebnis sollte, um Außenstehenden die Interpretation des Begriffsinhalts dieser Cash Flow-Größe zu erleichtern, nur unter dieser Bezeichnung verwendet werden.

5.10 Anteile Dritter und Adjustierung

Zur Ermittlung des Cash Flow je Aktie sind vom Cash Flow nach DVFA/SG die auf Dritte entfallenden Anteile, hilfsweise die Anteile Dritter am Jahresüberschuß/-fehlbetrag, abzuziehen. Für die Adjustierung aus Anlaß von Kapitalerhöhungen gelten die gleichen Grundsätze, wie sie bei der Ermittlung des Ergebnisses nach DVFA/SG festgelegt sind (siehe Kapitel D).

6. The informative value of the cash flow figure according to the DVFA/SG method

The cash flow figure according to the DVFA/SG method is no substitute for the DVFA/SG earnings figure but first and foremost a financial parameter. Even as such, however, it represents only one of the financial parameters of a company.

6. Die Aussagefähigkeit des Cash Flow nach DVFA/SG

Der Cash Flow nach DVFA/SG ist kein Ersatz für das Ergebnis nach DVFA/SG, sondern in erster Linie eine Finanzgröße. Aber auch als solche stellt er nur einen Ausschnitt aus dem Finanzierungsspektrum eines Unternehmens dar.

C.

Ertragsteuersätze
und daraus abgeleitete
Nettogewinnsätze

Income tax rates
and resultant
net profit rates

1. Introduction

For the financial statements of German companies the income tax rates shown below must be used to calculate the net amounts of items to be adjusted. Where the accounting period does not coincide with the calendar year the calculation must be based on the tax rates in force for the year concerned.

The withdrawal of preferential rates for Berlin and the solidarity surcharge payable from 1995 onwards have both been taken into account. Profits will be subject to the solidarity surcharge for the first time for financial periods ending in 1995, in other words including 1994/95 accounting periods not coinciding with the calendar year.

1. Vorbemerkung

Im Falle inländischer Abschlüsse sind bei der Umrechnung von Bereinigungspositionen auf Nettobeträge die nachstehend aufgeführten Ertragsteuersätze anzuwenden. Bei vom Kalenderjahr abweichendem Geschäftsjahr ist die im betreffenden Jahr jeweils gültige steuerrechtliche Regelung zugrundezulegen.

Sowohl das Auslaufen der Berlin-Präferenzen als auch der ab 1995 zu zahlende Solidaritätszuschlag sind berücksichtigt. Dem Solidaritätszuschlag unterliegen erstmals Gewinne aus einem in 1995 endenden Geschäftsjahr, d. h. einschließlich der vom Kalenderjahr abweichenden Geschäftsjahre 1994/95.

2. Income tax rates and resultant net profit rates

2.1 Federal Republic of Germany

Applicable to financial periods:	1994	1995
Profit retained in full		
Gross profit	100.00	100.00
Municipal trade tax on income 20%		
(basic index rate 5%, municipal factor 400%)	16.67	16.67
	83.33	83.33
Corporation tax 45%	37.50	37.50
Solidarity surcharge 7.5%	---	2.81
Net rate of retained profits	**45.83**	**43.02**
Profit distributed in full		
Gross profit	100.00	100.00
Municipal trade tax on income 20%	16.67	16.67
	83.33	83.33
Corporation tax 30%	25.00	25.52 ①
Solidarity surcharge 7.5%	---	1.91
Net rate of distributed profits	**58.33**	**55.90**

2.2 Berlin

Applicable to financial periods:	1994	1995
Profit retained in full		
Gross profit	100.00	100.00
Municipal trade tax on income 15%		
(basic index rate 5%, municipal factor 300%)	13.04	13.04
	86.96	86.96
Corporation tax ② 42.98% (actual)	37.37	
45%		39.13
Solidarity surcharge 7.5%	---	2.94
Net rate of retained profits	**49.59**	**44.89**
Profit distributed in full		
Gross profit	100.00	100.00
Municipal trade tax on income 15%	13.04	13.04
	86.96	86.96
Corporation tax ② 28.84% (actual)	25.08	
30%		26.63 ①
Solidarity surcharge 7.5%	---	2.00
Net rate of distributed profits	**61.88**	**58.33**

① incl. implicit effects of the solidarity surcharge (basis for reduction in corporation tax is earnings net of retention tax and solidarity surcharge)
② 4.5% tax reduction for the last time in 1994; incl. "EK0" distribution

2. Ertragsteuersätze und daraus abgeleitete Nettogewinnsätze

2.1 Bundesrepublik

Anzuwenden für die Geschäftsjahre	1994	1995	
Volle Gewinnthesaurierung			
Bruttogewinn	100,00	100,00	
Gewerbeertragsteuer 20%			
(Steuermeßzahl 5%, Hebesatz 400%)	16,67	16,67	
	83,33	83,33	
Körperschaftsteuer 45%	37,50	37,50	
Solidaritätszuschlag 7,5%	---	2,81	
Nettogewinnsatz bei Thesaurierung	**45,83**	**43,02**	
Volle Ausschüttung			
Bruttogewinn	100,00	100,00	
Gewerbeertragsteuer 20%	16,67	16,67	
	83,33	83,33	
Körperschaftsteuer 30%	25,00	25,52	①
Solidaritätszuschlag 7,5%	---	1,91	
Nettogewinnsatz bei Ausschüttung	**58,33**	**55,90**	

2.2 Berlin

Anzuwenden für die Geschäftsjahre	1994	1995	
Volle Gewinnthesaurierung			
Bruttogewinn	100,00	100,00	
Gewerbeertragsteuer 15%			
(Steuermeßzahl 5%, Hebesatz 300%)	13,04	13,04	
	86,96	86,96	
Körperschaftsteuer ② 42,98% (effektiv)	37,37		
45%		39,13	
Solidaritätszuschlag 7,5%	---	2,94	
Nettogewinnsatz bei Thesaurierung	**49,59**	**44,89**	
Volle Ausschüttung			
Bruttogewinn	100,00	100,00	
Gewerbeertragsteuer 15%	13,04	13,04	
	86,96	86,96	
Körperschaftsteuer ② 28,84% (effektiv)	25,08		
30%		26,63	①
Solidaritätszuschlag 7,5%	---	2,00	
Nettogewinnsatz bei Ausschüttung	**61,88**	**58,33**	

① Incl. impliziter Auswirkungen des Solidaritätszuschlags (Basis für KSt-Minderung ist Ergebnis nach Thesaurierungssteuer und nach Solidaritätszuschlag).

② Letztmals für 1994 4,5% Steuerermäßigung; incl. Ausschüttung EK_0.

D.

Überleitung zu Werten je Aktie

Computation of figures per share

1. Number of shares on which the computation is based

The computation of any per share figure has to be based on the **adjusted average number of shares ranking for dividends over the year** (see section 2.2 below). New issues, because of their special circumstances, are an exception to this (see chapter A.V.2).

Where companies have issued **shares with different nominal values** the earnings figure has to be calculated by reference to the number of shares which would be produced by dividing the total share capital by the nominal value of the class of share listed on the stock exchange. In the few cases where companies have several classes of share with different nominal values listed on the stock exchange the calculation should be made, in case of doubt, in the same way by reference to the most easily realizable share category. In order to avoid misunderstandings, however, it is advisable to report figures per share separately for each different nominal value.

The amount paid up on **partly paid shares** is irrelevant because it makes no difference to the number of shares ranking for dividends.

If **own shares** are shown as an asset in the consolidated financial statements they should only be eliminated in determining the adjusted average number of shares ranking for dividends if they do not themselves rank for dividends.

1. Anzahl der zugrundezulegenden Aktien

Bei Ermittlung von Werten je Aktie jeglicher Art ist die Anzahl der **adjustierten durchschnittlich dividendenberechtigten Aktien** zugrundezulegen (s. nachfolgenden Abschnitt 2.2). Eine Ausnahme hierzu bilden, aufgrund des besonderen Sachverhalts, Neuemissionen (siehe hierzu Kapitel A.V.2).

In den Fällen, in denen Gesellschaften **Aktien mit unterschiedlichem Nennwert** begeben haben, ist das Ergebnis auf die Anzahl der Aktien zu beziehen, die sich ergibt, würde man das gesamte Gezeichnete Kapital durch den Nennwert der börsennotierten Aktienkategorie dividieren. In den wenigen Fällen, in denen Unternehmen über mehrere börsennotierte Aktienkategorien mit unterschiedlichen Nennwerten verfügen, ist im Zweifelsfall die Berechnung analog auf die liquidere Aktienkategorie abzustellen. Um Mißverständnissen vorzubeugen, empfiehlt es sich jedoch, Werte je Aktie, getrennt nach unterschiedlichen Nominalwerten, bekanntzugeben.

Der Einzahlungsgrad bei **teileingezahlten Aktien** spielt keine Rolle, da sich die Anzahl der dividendenberechtigten Aktien dadurch nicht ändert.

Werden im Konzernabschluß **eigene Aktien** ausgewiesen, so sind diese bei der Ermittlung der adjustierten durchschnittlich dividendenberechtigten Aktienzahl nur dann zu eliminieren, wenn sie nicht dividendenberechtigt sind.

2. Adjustment of prices and figures per share following increases in capital

In order to make prices and other figures per share comparable with each other from year to year a retrospective adjustment has to be made where an increase in capital has led to a change in the share price for "technical" reasons. Such a change normally occurs when the shareholders of a company are given a pre-emptive right to subscribe for new securities (equities, option warrant bonds or convertible bonds, participating certificates) on more favourable terms than those currently available in the market. Existing shareholders thereby obtain a negotiable subscription right, the value of which is deducted from the existing share price when the latter goes "ex rights". Issues of bonus shares, "splits" (including reductions in nominal value) and reductions in capital also result in "technical" price changes which make an adjustment necessary.

Share issues at the current market price of the existing shares or at a higher price (e.g. a private placing) have no direct effect on the share price of the existing shares, so no adjustment has to be made. The same applies to share issues for non-cash consideration or where there is an exchange of shares, since in such cases it has to be assumed that the assets contributed as consideration largely correspond to the value of the shares received in exchange. There is likewise no need for an adjustment when employee shares are issued.

2.1 Adjustment of share prices

2.1.1 "Normal" increase in capital

The normal case in Germany is still, **at the moment**, a rights issue where existing shareholders have a pre-emptive right to subscribe for shares of the same class at an issue price below the quoted share price. All the share prices quoted prior to such rights issues have to be adjusted by multiplying them with the factor derived from the terms of the rights issue. If there have been several such issues the relevant adjustment factors have to be multiplied together.

2. Adjustierung von Kursen und Werten je Aktie aus Anlaß von Kapitalerhöhungen

Um Kurse und andere Werte je Aktie im Zeitablauf miteinander vergleichbar zu machen, muß bei Kapitalerhöhungen, die eine Kursveränderung aus „technischen Gründen" zur Folge haben, eine retrograde Adjustierung vorgenommen werden. Eine solche Kursveränderung ergibt sich in der Regel dann, wenn den Aktionären einer Gesellschaft der Bezug von neuen Wertpapieren (Aktien, Options- oder Wandelanleihen, Genußscheinen) zu günstigeren Bedingungen angeboten wird, als z. Zt. am Markt gelten. Daraus resultiert für die Altaktionäre ein verwertbares Bezugsrecht, das am Ex-Tag vom Kurs der Altaktie abgeschlagen wird. Auch die Ausgabe von Berichtigungsaktien, Splits (einschließlich Nennwertreduzierung) sowie Kapitalherabsetzungen führen zu „technischen" Kursveränderungen, die eine Adjustierung erforderlich machen.

Bei einer Kapitalerhöhung zum Kurs der alten Aktie oder zu einem höheren Kurs (z. B. bei einer Privatplazierung) wird der Kurs der alten Aktie nicht direkt beeinflußt, so daß auch keine Adjustierung vorzunehmen ist. Gleiches gilt für Kapitalerhöhungen in Zusammenhang mit Sacheinlagen oder durch Aktientausch, da man in solchen Fällen davon ausgehen muß, daß die eingebrachten Werte dem Wert der dafür erhaltenen Aktien weitgehend entsprechen. Auch bei der Begebung von Belegschaftsaktien wird keine Adjustierung vorgenommen.

2.1 Adjustierung von Kursen

2.1.1 „Normale" Kapitalerhöhung
Der Normalfall in Deutschland ist **derzeit noch** eine Kapitalerhöhung mit Bezugsrecht der Altaktionäre auf Aktien der gleichen Gattung zu einem Emissionskurs unter dem notierten Aktienkurs. Alle vor einer solchen Kapitalerhöhung notierten Kurse sind mit dem aus den Bezugsrechtsbedingungen zu ermittelnden Adjustierungsfaktor zu multiplizieren. Fanden mehrere Kapitalerhöhungen statt, so sind die jeweiligen Adjustierungsfaktoren multiplikativ zu verknüpfen.

The adjustment factor f is calculated as follows:

$$f = \frac{a \times Kv + E \pm D}{(a + 1) \times Kv}$$

Meaning of symbols:

a   = the number of existing shares for which the holder receives one new share in accordance with the subscription ratio; or the number of shares prior to the rights issue divided by the number of new shares

Kv = the last quoted price before the shares go ex rights

E   = the issue price

+ D = the dividend disadvantage of a new share compared with an existing share

– D = the dividend advantage of a new share compared with an existing share

The "theoretical" share price ex rights (Kn) is calculated as follows:

$$Kn = f \times Kv$$

The mathematical value of the subscription right (B) is calculated as follows:

$$B = Kv - Kn \quad \text{or} \quad B = Kv - f \times Kv$$

2.1.2 Capital adjustment, share split

Since the issue price for such an increase in capital is zero, the adjustment factor is computed simply as follows (on the assumption that the new shares rank for the same dividends as the existing shares):

$$f = \frac{a}{a + 1}$$

2.1.3 Right to subscribe for a new class of share or for other securities

It is fairly common for ordinary shareholders to be offered the right to subscribe for new preference shares or for the shareholders in a company to be granted a right to subscribe for option warrant bonds, convertible bonds or participating certificates. In these cases a "theoretical" method of adjustment cannot be used, so the adjustment factor is calculated on the basis of the first price quoted for the rights (B):

$$f = \frac{Kv - B}{Kv}$$

Der Adjustierungsfaktor f errechnet sich wie folgt:

$$f = \frac{a \cdot Kv + E \pm D}{(a + 1) \cdot Kv}$$

Hierbei bedeuten:

a = Zahl der Altaktien, für die man lt. Bezugsverhältnis eine junge Aktie bekommt, bzw. Anzahl der Aktien vor Kapitalerhöhung, dividiert durch die Anzahl der jungen Aktien

Kv = letzter Kurs vor Bezugsrechtsabschlag („Cumkurs")

E = Emissionskurs

+ D = Dividendennachteil einer jungen Aktie gegenüber einer Altaktie

– D = Dividendenvorteil einer jungen Aktie gegenüber einer Altaktie

Der „theoretische" Kurs ex Bezugsrecht (Kn) errechnet sich wie folgt:

$$Kn = f \cdot Kv$$

Der rechnerische Wert des Bezugsrechts (B) errechnet sich wie folgt:

$$B = Kv - Kn \ \text{ bzw. } B = Kv - f \cdot Kv$$

2.1.2 Kapitalberichtigung, Aktiensplit

Da bei einer solchen Kapitalerhöhung der Emissionskurs 0 ist, reduziert sich – unter der Voraussetzung, daß die jungen Aktien gleiche Dividendenberechtigung wie die Altaktien haben – die Berechnung des Adjustierungsfaktors zu

$$f = \frac{a}{a + 1}$$

2.1.3 Bezugsrecht auf eine neue Aktiengattung oder auf andere Wertpapiere

Relativ häufig kommt vor, daß Stammaktionären der Bezug von neu geschaffenen Vorzugsaktien angeboten oder daß den Aktionären einer Gesellschaft ein Recht auf den Bezug von Options-, Wandelanleihen oder Genußscheinen eingeräumt wird.

In solchen Fällen kann eine „theoretische" Bereinigungsmethode nicht angewendet werden. Daher wird der Adjustierungsfaktor hilfsweise mit der ersten Kursnotiz des Bezugsrechtes (B) ermittelt.

$$f = \frac{Kv - B}{Kv}$$

2.1.4 Reduction in capital

A reduction in capital (share consolidation) is mathematically the same as a negative adjustment to the capital. The adjustment factor is derived directly from the consolidation ratio:

$$f = \frac{\text{number of shares before consolidation}}{\text{number of shares after consolidation}}$$

2.1.5 Special cases

Rights issues are sometimes made on more complicated terms (e.g. subscription rights for another class of share and vice versa) which are outside the scope of this document.

2.2 Adjustment of figures per share

Where changes in capital result in a change in the share price as explained in section 2.1 above, all other figures per share (e.g. dividends and earnings per share) also have to be adjusted. The same adjustment factors are used for this purpose as for the adjustment of the share price. Normally, however, the date from which the figures per share have to be adjusted retroactively is different from the date when the share price is adjusted. In practice, analysts have agreed to adopt the convention of fixing the date for adjusting the figures per share from the moment when the new shares start to rank for dividends.

If new shares rank for dividends from the beginning of a financial year, all the figures per share relating to previous financial years have to be multiplied by the relevant adjustment factor.

If, however, the entitlement to dividends first arises in the middle of a financial year then the figures per share have to be calculated using a weighted average based on the relevant number of shares before and after the increase in capital (the adjusted average number of shares ranking for dividends over the year).

$$N = \frac{N_v}{f} \times g_v + N_n \times g_n$$

Meaning of symbols:

N_v = the number of shares before increase in capital

N_n = the number of shares after increase in capital

g_v = fraction of year during which the new shares do not yet rank for dividends

g_n = fraction of year during which the new shares rank for dividends

$g_v + g_n = 1$

The original figures (e.g. total dividend, absolute earnings) have to be divided by this number of shares (N) in order to arrive at the "adjusted figures per share" for a financial year during which new shares rank for dividends for only part of the year.

2.1.4 Kapitalherabsetzung

Eine Kapitalherabsetzung (Aktienzusammenlegung) entspricht rechnerisch einer negativen Kapitalberichtigung. Der Adjustierungsfaktor ergibt sich direkt aus dem Verhältnis der Zusammenlegung.

$$f = \frac{\text{Anzahl der Aktien vor Zusammenlegung}}{\text{Anzahl der Aktien nach Zusammenlegung}}$$

2.1.5 Sonderfälle

Ab und zu sind Kapitalerhöhungen mit komplizierteren Bedingungen ausgestattet (z. B. „gekreuzte" Bezugsrechte), auf deren Darstellung hier verzichtet wird.

2.2 Adjustierung von Werten je Aktie

Bei Kapitalveränderungen, die gemäß Abschnitt 2.1 zu einer Kursadjustierung führen, sind auch alle weiteren Werte je Aktie (z. B. Dividende und Ergebnis je Aktie) zu adjustieren. Es finden dabei die gleichen Adjustierungsfaktoren Anwendung wie bei der Kursbereinigung. Allerdings weicht der Zeitpunkt, von dem ab die Werte je Aktie nach rückwärts zu adjustieren sind, im allgemeinen vom Zeitpunkt der Kursbereinigung ab. In der Analysepraxis hat man sich (im Sinne einer Konvention) darauf geeinigt, den Zeitpunkt für die Bereinigung der Werte je Aktie auf den Beginn der Dividendenberechtigung der jungen Aktien festzulegen.

Fällt die Dividendenberechtigung junger Aktien mit dem Beginn eines Geschäftsjahres zusammen, dann sind alle Werte je Aktie zurückliegender Geschäftsjahre mit dem entsprechenden Adjustierungsfaktor zu multiplizieren.

Beginnt die Dividendenberechtigung jedoch innerhalb eines Geschäftsjahres, dann ist zur Ermittlung der Werte je Aktie ein gewichteter Durchschnitt zugrundezulegen, der sich aus der jeweiligen Anzahl der Aktien vor und nach Kapitalerhöhung errechnet (Anzahl der „adjustierten durchschnittlich dividendenberechtigten Aktien" = N).

$$N = \frac{N_v}{f} \cdot g_v + N_n \cdot g_n$$

Hierbei bedeuten:

N_v = Anzahl der Aktien vor Kapitalerhöhung
N_n = Anzahl der Aktien nach Kapitalerhöhung
g_v = Jahresbruchteil, in dem die jungen Aktien noch nicht dividendenberechtigt sind
g_n = Jahresbruchteil, in dem die jungen Aktien dividendenberechtigt sind
$g_v + g_n$ = 1

Durch diese Anzahl von Aktien (N) sind die Originalwerte (z. B. Dividendensumme, Ergebnis in absolutem Betrag) zu dividieren, um so zu den „adjustierten Werten je Aktie" eines Geschäftsjahres zu kommen, in dem junge Aktien nur zeitanteilig dividendenberechtigt sind.

The "adjusted figures per share" calculated in this way are comparable with the adjusted figures for previous years and the original figures for future years. For this reason only these adjusted figures should be used for inter-year comparisons.

3. "Fully diluted" earnings per share

Where shares have been conditionally authorized (e.g. for convertible bonds or option rights) and may in future have the right to share in profits alongside the shares already issued, the possible effect of this on the profit-sharing rights of existing shareholders has to be taken into account.

The following methods – based on a notional "as if" calculation – are recommended for the computation of "fully diluted" earnings per share:

3.1 With convertible bonds

$$\text{Earnings per share (``fully diluted'')} = \frac{\text{DVFA/SG earnings excl. minority interests} + \text{interest saving on conversion}}{\text{number of shares in issue at financial year end} + \text{number of shares to be issued on conversion}}$$

The interest saving from the assumed conversion is based on the interest rate and nominal amount of the convertible bond in issue, after deducting the relevant taxes.

3.2 With option rights

$$\text{Earnings per share (``fully diluted'')} = \frac{\text{DVFA/SG earnings excluding minority interests}}{\text{number of shares in issue at financial year end} + \text{number of shares arising from exercising option using the ``treasury stock method''}}$$

$$\text{Number of additional shares using the ``treasury stock method''} = \frac{\text{share price} - \text{option price}}{\text{share price}} \times \text{total number of shares arising from exercising option}$$

"Fully diluted" earnings per share should only be computed if, in the light of current market conditions, there is a realistic chance of the conversion or option rights being exercised. The computation can be ignored if the amount of dilution is not material or if the diluted figure of earnings per share is higher than the undiluted figure.

Die so errechneten „adjustierten Werte je Aktie" sind mit den adjustierten Werten der Vorjahre und den Originalwerten zukünftiger Jahre vergleichbar. Deshalb sollten ausschließlich diese adjustierten Werte in Zeitreihen Verwendung finden.

3. Voll verwässertes Ergebnis je Aktie

Im Falle bedingt ausstehender Aktien (z.B. aufgrund von Wandelanleihen oder Optionsrechten), die in Zukunft mit dem Anspruch auf Gewinnberechtigung neben das bereits begebene Aktienkapital treten können, ist die dadurch möglicherweise eintretende Beeinträchtigung des Gewinnanspruchs der bisherigen Aktionäre von Interesse.

Für die Ermittlung „voll verwässerter" Ergebnisse je Aktie werden – im Rahmen einer „Als-ob-Rechnung" – die folgenden Methoden empfohlen:

3.1 Im Falle von Wandelanleihen

$$\text{Ergebnis je Aktie („voll verwässert")} = \frac{\begin{array}{l}\text{Ergebnis nach DVFA/SG} \\ \text{ohne Anteile Dritter}\end{array} + \begin{array}{l}\text{Zinsersparnis} \\ \text{bei Wandlung}\end{array}}{\begin{array}{l}\text{Anzahl der am Geschäfts-} \\ \text{jahresende ausstehenden} \\ \text{Aktien}\end{array} + \begin{array}{l}\text{Anzahl der durch} \\ \text{Wandlung auszu-} \\ \text{gebenden Aktien}\end{array}}$$

Die bei unterstellter Wandlung eintretende Zinsersparnis aus Wandlung ergibt sich aus Zinssatz und ausstehendem Nominalbetrag der Wandelanleihe, nach Abzug der entsprechenden Steuern.

3.2 Im Falle von Optionsrechten

$$\text{Ergebnis je Aktie („voll verwässert")} = \frac{\text{Ergebnis nach DVFA/SG ohne Anteile Dritter}}{\begin{array}{l}\text{Anzahl der am Geschäfts-} \\ \text{jahresende ausstehenden} \\ \text{Aktien}\end{array} + \begin{array}{l}\text{Anzahl der durch} \\ \text{Optionsausübung entste-} \\ \text{henden Aktien nach der} \\ \text{„Treasury-stock method"}\end{array}}$$

$$\begin{array}{l}\text{Anzahl der zusätzlichen} \\ \text{Aktien nach der} \\ \text{„Treasury-stock method"}\end{array} = \frac{\text{Aktienkurs – Optionspreis}}{\text{Aktienkurs}} \cdot \begin{array}{l}\text{Gesamtzahl der durch} \\ \text{Optionsausübung} \\ \text{entstehenden Aktien}\end{array}$$

Die Ermittlung „voll verwässerter" Ergebnisse je Aktie sollte nur dann erfolgen, wenn die Ausübung von Wandel- oder Optionsrechten angesichts der jeweiligen Marktbedingungen realistisch erscheint. Eine Ermittlung unterbleibt, wenn der Verwässerungseffekt unwesentlich ist oder die verwässerten Ergebnisse je Aktie über den unverwässerten liegen.

Index

Stichwortverzeichnis